Un Click Que Cambió Mi Vida

Un Click Que Cambió Mi Vida

Basado en una historia real

Victoria Vorel

Registro Propiedad Intelectual N° 194860/3341
Número de Control de la Biblioteca del Congreso: 2010939631
ISBN: Tapa Blanda   978-1-6176-4196-1

Este libro fue impreso en los Estados Unidos de América.

Fecha de revisión: 08/05/2014

Para realizar pedidos de este libro, contacte con:
Palibrio LLC
1663 Liberty Drive
Suite 200
Bloomington, IN 47403
Gratis desde EE. UU. al 877.407.5847
Gratis desde México al 01.800.288.2243
Gratis desde España al 900.866.949
Desde otro país al +1.812.671.9757
Fax: 01.812.355.1576
ventas@palibrio.com
292855

Índice

Dedicado a las personas de buenos sentimientos que saben que el amor existe, que la felicidad está en dar más que en recibir y que los buenos modales nunca pasarán de moda. Con amor a mi esposo, cuya filosofía de vida me enseñó a ser una mejor persona y a los suizos que lucharon para dejar una herencia de valores y principios que constituyen uno de sus mayores tesoros.

Agradecimientos a todos aquellos que me impulsaron a contar esta historia. A mi hijo Felipe, quien me animó siempre a seguir adelante. A mi hija, quien me motivó a buscar una segunda oportunidad en la vida.

Prólogo

Todos soñamos encontrar, algún día, a la persona perfecta y compartir la vida con ella, sin embargo no fue hasta hace unos pocos años atrás en que la gente consideró ir en su búsqueda más allá de las fronteras. La globalización también incluye, hoy en día, encontrar nuestra alma gemela en Internet; aunque tiene algunos riesgos que no se pueden desestimar. De todos modos, si se es paciente y capaz de ver más allá de las palabras, entonces se puede ser tan afortunado/a como yo y encontrar esa maravillosa persona que ha esperado por nosotros, que será nuestro complemento y traerá felicidad a nuestra vida.

Hay un asunto elemental que debe ser considerado si estamos decididos a iniciar una relación a través de Internet, me refiero al aspecto cultural. Es cierto que hay muchas otras cosas que analizar igualmente, sin embargo, si no se tiene la capacidad de aceptar una cultura diferente de la propia, entonces es mejor orientarse a los sitios de red sólo dentro del país de origen. Son innumerables los sitios que ofrecen la posibilidad de encontrar una pareja en Internet y en ellos también se puede encontrar recomendaciones para hacer de la experiencia algo positivo y no sufrir graves desilusiones, por no tomar los debidos resguardos. Es muy apropiado informarse al máximo antes de ingresar a estos sitios y relacionarse con personas desconocidas. Ninguna precaución estará de más a la hora de querer protegerse de individuos mal intencionados, es por esto que, cuando llegue el momento de conocerse, lo más adecuado sea asistir a la cita en un lugar público, de preferencia acompañada y durante el día.

En la supuesta situación de ser rechazados, es importante entender que eso no significa que hay algo malo en nosotros, es simple y llanamente que la otra persona tiene gustos distintos y no estamos dentro de ellos, pero podemos ser del agrado de mucha otra gente, debido a esto existen en el mundo diversidad de parejas.

Respecto a relacionarse con extranjeros, la experiencia me ha enseñado que es totalmente diferente la fascinación que se puede sentir por otros países, que vivir con alguien que trae consigo toda la cultura, léase, tradiciones y costumbres de un país distinto al nuestro. Podría describir la vivencia como una visita al Museo del Louvre: asombrosa, extraordinaria, maravillosa, muy interesante; pero agotadora, al menos hasta que se es capaz de mirar alrededor con los ojos del amor, no sólo por la persona que elegimos, sino por el mundo entero; entonces se experimentará una sensación de paz sorprendente y podremos descubrir la belleza por doquier, a la vez que expresar nuestros sentimientos de la mejor manera, sin competir, sin embargo compartir.

Casarse con un extranjero/a, debo decir que sí vale la pena, ya que virtualmente pasaremos de ser ciudadanos de un país a ser ciudadanos casi del mundo entero, en el sentido que muchas cosas que rara vez llamaron nuestra atención en el pasado, ahora son significativas. Abriremos nuestros ojos al mundo. Para representar esto en una escala menor, podemos recordar cuando hemos ido de vacaciones a un lugar lejano y después de varios meses de haber regresado, seguimos poniendo atención cuando vemos noticias en la televisión acerca de él, o simplemente estamos atentos al clima de esa región, aunque no tengamos planeado volver allí. Poco a poco aprenderemos y nos interesaremos más y más en cada cosa que tenga relación con el lugar de origen de nuestra pareja y tal vez, como me sucedió a mí, llegarán a amar y saber tanto de ese país como sus propios habitantes. Amar es dar, es lo que aprendí desde pequeña, hoy puedo decir con certeza que no es una frase más, es conectarse con el universo y formar parte de él, es la diferencia entre ser actor o simple espectador, implica sacrificio y muchas veces sufrimiento; ¿pero que es la vida si no se experimenta emoción?.

La vida puede ser hermosa no sólo si se es rico y famoso. La mayoría de las personas consideran el dinero, la fama y la belleza como fuentes únicas de felicidad, sin embargo los medios nos han mostrado muchas veces como, personas famosas, bellas y adineradas han intentando quitarse la vida. He visto más personas felices entre los ciudadanos comunes y corrientes que en las altas esferas sociales. He visto personas regalar hasta lo que necesitan y ser infinitamente más felices que otros que prefieren guardar incluso aquello que no han usado en años.

La felicidad es una actitud que se desarrolla más y más cuando aprendemos a dar, a compartir, por este motivo induzco a buscar el amor aprendiendo a compartir, regalando alegría, expresando sentimientos de simpatía, afecto, amistad por las personas que nos rodean. Todos necesitamos sentirnos amados, aceptados, somos seres sociales. Ser amable no cuesta nada y reporta mucha satisfacción. Si se tiene una pareja o se busca una, la mejor actitud es vivir cada día con una sonrisa en el rostro y una palabra amable en los labios, es un regalo que podemos dar a nuestros semejantes sin tener que comprarlo, porque está en nosotros, sin embargo su valor es muy apreciado.

Ésta es mi historia, es real y la quiero compartir con todos aquellos que buscan el amor, ya sea en Internet o de forma más tradicional y también con quienes sólo desean saber cual fue mi experiencia. Esta historia puede ser interesante aunque simplemente sea porque tiene final feliz, al menos hasta hoy.

Capítulo I
El elegido

No podría decir que soy experta en sitios de encuentro en Internet, por lo tanto este libro no es una guía para encontrar el amor en la red, pero ésta es la historia real de dos personas que hoy están felizmente casadas gracias a ese medio de comunicación.

Hay tantos prejuicios acerca de buscar una pareja en Internet, tanto para casarse como para hacer amigos, que realmente cuando alguien pregunta dónde se conocieron, lo más fácil es decir cualquier cosa, menos la verdad. Es por ello que escribo este libro, para que se sepa nuestra historia, no todo es malo ni vergonzoso. Mi marido y yo somos personas educadas, de buenos modales, lo que en mi país llamamos decentes y en un momento de nuestras vidas, después de matrimonios fracasados y dolorosa separación, decidimos darnos otra oportunidad y pensamos que no hay motivo para sentirnos avergonzados sólo por el hecho de habernos conocido de manera no tradicional. Tal vez en unos años más, ésta será la forma más común de conocer gente y no será cuestionada como sucede hoy en día.

Entrar a un sitio de búsqueda de pareja es algo muy especial, nunca se sabe que sucederá de ahí en adelante, se espera al menos no salir herido y con suerte encontrar nuestra alma gemela. Obviamente, después que se crea el perfil y se da enter, hay que estar preparados para recibir toda clase de emails, de una variedad infinita de personas y con todo tipo de intenciones.

Nosotras las mujeres somos por naturaleza románticas y sensibles y esas no son las cualidades que deben primar si queremos ser objetivas. Si nuestra meta es una relación seria, nuestro futuro depende de cuan consecuentes y ecuánimes podamos ser. Creo que hay muchas personas registradas en los sitios de encuentro, que no son confiables; es impresionante todo lo que puede resistir un email. También creo que se puede filtrar y averiguar lo más posible de cada persona que pudiera interesarnos. Si la persona es seria, ella misma nos dará la información necesaria para confirmar lo que nos ha escrito. Siempre existe la posibilidad de encontrar un ángel o un demonio, pero sin ser dicotómicos, también es posible hallar un buen ser humano que merezca todo nuestro amor y esté dispuesto a amarnos, pero sobretodo a respetarnos como individuos.

Aunque soy latina, busqué un europeo. La razón es muy simple, mi humilde intuición unida a mi penosa experiencia pasada, me aconsejó eso. Para mi es muy importante la confiabilidad que pueda tener en mi pareja, un hombre inteligente en el cual se puede confiar, es para mi un hombre respetable y merece toda mi admiración. Creo que si uno admira al hombre que ama, especialmente por sus valores, entonces aunque pasen los años él seguirá siendo el hombre más atractivo y no habrá límites en el amor que le prodiguemos.

Tal vez pensarán que podría haber tratado de comunicarme con personas de otras culturas, como la asiática o la arábiga. En realidad no quise ni siquiera intentarlo, ya que esas culturas sí que son un completo misterio para mí y a estas alturas de la vida es más difícil lidiar con costumbres tan desconocidas. A veces he pensado que probablemente deberé enfrentar este tema en mi próxima vida y naceré en algún país asiático para completar mi aprendizaje y evolución.

Nadie desconoce las habilidades de seducción de los latinos, pero al mismo tiempo, muchos de ellos son inseguros y necesitan constante reafirmación, la mayoría han sido criados en ambientes absolutamente machistas y prueban su capacidad como machos teniendo muchas parejas, no me gustó vivir eso, fue fuerte, triste y humillante y a pesar que no todos los hombres son iguales, no me quise arriesgar.

Las ventajas al relacionarse con latinos, cuando se es latina son varias. La facilidad de comunicación es una de ellas, hablar el mismo idioma ciertamente es un gran beneficio; además de un entendimiento total respecto a las usanzas, hábitos y rutinas de cada uno. También puede ser interesante compartir las tradiciones, más aun si ambos pertenecen al mismo país, las fiestas nacionales y los íconos patrios serán un deleite para celebrar en familia. Esto no sucede cuando somos de diferentes continentes, ya que lo que era moda en uno, no lo era en el otro y lo que fue importante en uno, no tuvo mucha trascendencia en el otro; el folklore se siente y expresa en forma distinta, puesto que mientras uno de los dos vibra con él, el otro solamente lo acepta, pero sin sentir ese intenso fervor y entusiasmo que puede provocar, por ejemplo a un latino escuchar una samba, tango, cumbia, cueca o merengue.

Me sorprendió que la mayoría de los hombres mayores busquen jovencitas, es muy gracioso. Me pregunto si verdaderamente esperan que sea amor lo que lleve a las jovencitas a contestar sus emails. Otra actitud que ha llamado mi atención en los hombres mayores, es que algunos de ellos, no quieren asumir su edad y recurren a patéticas fórmulas para verse más jóvenes, como aquellos que dejan crecer el poco pelo que les queda y lo peinan alrededor de su calva. Alguien debería decirles que se ven mucho más atractivos sin pelo que de esa ridícula forma.

Después de muchos meses de conocer todo tipo de personas, de diferentes partes del mundo; algunas muy encantadoras, otras no tanto y algunas sencillamente muy desagradables; encontré al hombre de mi vida. Un atractivo e inteligente suizo que me escribió un email sin decoraciones, muy educado y sobretodo absolutamente honesto. Lo supe porque en su carta no había pretensiones de conmoverme ni tampoco impresionarme, sólo unas letras para manifestar su interés en mantener correspondencia, conocernos y al mismo tiempo bastante información acerca de sí mismo, lo que facilitó mi decisión de responder prontamente.

Nos escribimos durante largos siete meses, al principio ambos continuamos recibiendo correspondencia de otras personas, sin embargo después de los tres primeros meses de habernos conocido en Internet, nos dimos de baja del sitio en el que estábamos registrados. A pesar de ello, seguimos contestando los emails de las personas que habíamos conocido con anterioridad hasta que ya llevábamos seis meses de relación. En ese punto decidimos suspender la correspondencia con otras personas, ya que nos estábamos escribiendo como lo haría una pareja de enamorados y consideramos incorrecto sostener otras amistades que pudieran malentender el concepto de pura amistad que pudiéramos ofrecerles.

A esa altura había un señor muy agradable que me escribía desde el Reino Unido, quien amablemente me deseo mucha suerte cuando le comuniqué que ya no seguiría escribiendo, porque estaba tornándose seria una relación con otra persona. Un señor italiano se mostró muy contrariado y por último, aunque parezca increíble, un señor muy dulce de un país de Europa del este, me contestó que era muy triste para él terminar nuestra amistad, porque recibió mi mensaje el día de su cumpleaños y justamente ese mismo día había decidido sugerir ahondar en nuestra relación, lo que fue una sorpresa para mi, puesto que nunca nos habíamos escrito de manera especial, ni siquiera muy personal. La mejor lección que uno saca de este tipo de experiencias es la importancia de ser respetuosos de los sentimientos de cada quien, porque estamos tratando con seres humanos y nadie merece ser maltratado en ninguna forma. Es triste lo que sucedió, ya que sin querer uno alimenta esperanzas que luego se desvanecen y provoca sufrimientos que jamás hubiera deseado hacer sentir a ningún individuo del planeta.

Aunque sea reiterativo de mencionar, es primordial tener siempre presente que son seres humanos con quienes nos estamos comunicando y aunque no todas las personas son amables, debemos ser respetuosos de la manera en que nos relacionamos con ellos, no obstante sea para decir que nos desagrada su forma de expresarse, cuando es el caso. Al igual que yo, la mayoría de las personas que ingresan a un sitio en Internet, ya tienen en su equipaje una cantidad considerable de penas y decepciones, por eso es tanto más doloroso tropezar con incomprensión y falta de respeto, donde se pretendía quizás encontrar la última fuente de esperanza de hallar la anhelada felicidad.

Al séptimo mes de correspondencia, Kurt me propuso matrimonio, me sentí muy halagada y feliz. Sin embargo, él quería que yo me trasladara al país donde residía y eso me intimidaba mucho, asimismo a pesar de expresar mi alegría y asentimiento, le comenté que no era mi intención abandonar mi país y que era lamentable, puesto que sabía que él era el amor de mi vida. Hablamos por teléfono largamente y nos despedimos muy apenados. Yo no quería siquiera pensar en la idea de vivir en otro país y me sentí tonta al no haber considerado que esto pudiera ocurrir, era quizás lo más obvio y yo nunca lo pensé. Es probable que nunca haya verdaderamente confiado en que podría ser tan afortunada de encontrar mi alma gemela en la red, entonces la idea de irme al exterior la tenía totalmente bloqueada. Sea como fuere, naturalmente es más seguro para una mujer no tener que trasladarse a un lugar desconocido.

Pasaron tres días sin recibir comunicación alguna, era muy triste, pero lo entendí. Al cuarto día llegó un email que cambió mi vida para siempre. Kurt había considerado mudarse a Sud América, para ello necesitaba realizar varias gestiones que le permitieran establecerse en mi país, sabíamos que al casarnos acá él obtendría residencia permanente, pero también había que resolver el asunto económico, revisamos todas las posibilidades y lo mejor sería unir nuestros patrimonios y planificar el futuro cuando estuviéramos juntos, así es que empezamos a hablar todos los día por teléfono, era Kurt quien llamaba, porque él tenía posibilidad de comprar una tarjeta para hacer llamadas internacionales y era bastante conveniente.

A medida que pasaban los días nos enamorábamos más y más, era maravillosa la sensación de saber que alguien pensaba en mí con amor y que se sentía entusiasmado en compartir su vida conmigo. Todo lo que conversábamos nos acercaba más cada día, parecíamos adolescentes al teléfono, nuestras conversaciones duraban cerca de una hora cada vez y siempre había algo nuevo que contar o compartir.

En cuatro meses más mi amado suizo viajaría definitivamente a mi país y cada día que hablábamos por teléfono íbamos contando los días que faltaban para vernos, 123 días, 87, 54, 23, en fin, la fecha se acercaba y nuestro nerviosismo crecía. Y el día llegó y fui al aeropuerto a buscarlo para llevarlo a casa. Durante el proceso de espera, yo había perdido varios kilos y lucía bastante bien para mis 52 años, así es, ya no era una niña y llevaba varias penas en mi corazón y Kurt estaba por cumplir 59 años y también cargaba muchos dolorosos momentos vividos. Ahora el tiempo de ser felices estaba por cumplirse en pocas horas. Me miré por última vez al espejo antes de partir y me gustó lo que vi, mis ojos ya no se notaban tristes, por el contrario, había un lindo brillo en ellos, creo que era el brillo de la esperanza y la gratitud por lo que estaba a punto de vivir. La espera había terminado y era el momento de encontrarme con el amor de mi vida, el hombre que había puesto su confianza en mí y todas sus ilusiones en iniciar una vida feliz, juntos para siempre y olvidar el pasado.

En el largo camino hacia el aeropuerto pensé mucho en mi hijo. Para él había sido un impacto muy grande saber que yo mantenía una relación con un extranjero en Internet. Son tantos los prejuicios respecto al tema, sin embargo su desconsuelo era ver que alguien me interesaba y ahora esa persona venía a compartir mi vida. Me había separado de su padre hacía muchos años y a pesar que por largo tiempo seguimos viviendo en la misma casa, por razones de imagen social y base familiar para los niños; sólo nos relacionábamos de manera cordial, pero distantes el uno del otro.

Para mi hijo, yo no tenía más amor que él y su hermana. Ellos crecieron con un padre y una madre que los amaban profundamente y disfrutaron de ello. Intenté muchas veces separarme, los motivos son los clásicos en una pareja latina; las esposas no tenemos el mismo concepto de compartir que tienen nuestros esposos. Como mis hijos querían a su padre en casa, vivimos muchos años en cuartos separados. Nunca hubo discusiones, ni malas palabras, nadie alzó la voz ni agredió al otro; no obstante fueron tantas las irregularidades, por llamarlas de alguna manera, que cuando mis hijos terminaron su educación, solicité la anulación de mi matrimonio, en ese tiempo en mi país no era aceptado el divorcio, entonces quedé libre y nos alejamos en buenos términos. Mi hijo se fue a vivir con su padre y me visitaba diariamente. A pesar de no estar de acuerdo con mi nueva relación, fue él quien me llevó ese día al aeropuerto.

Llegamos temprano, el aeropuerto estaba lleno de gente, yo esperé un poco inquieta entre la multitud. Miré las pizarras de información sobre los vuelos y me di cuenta que todo estaba bien, sin retrasos, entonces mientras aguardaba observé a las personas que allí había, sus rostros reflejaban entusiasmo y un poco de ansiedad. Al parecer todos estábamos en sintonía y vinieron a mi mente muchas ideas divertidas, pensaba que si invitaba a todas esas personas a cantar mientras esperábamos, tal vez hubieran accedido, porque creo que todos deseábamos calmar los nervios ante la espera, sin embargo yo no era la persona más adecuada para cantar, mi voz es horrorosa a pesar de mi inmenso entusiasmo.

Felipe, mi hijo, hizo antesala en uno de los recintos del lugar, yo caminé un poco por los pasillos y luego me senté cerca de la puerta de salida de pasajeros, así podría ver a Kurt cuando concluyera los trámites de ingreso al país y recibirlo con toda la emoción que había guardado hasta ese momento.

Después de todos estos meses, allí estaba él, alto, hermoso, tan atractivo y sonriente. Se detuvo dejando una gran cantidad de maletas a un lado, me acerqué tratando de parecer calmada y también sonriendo de alegría al verlo al fin. Aunque parezca de película, la verdad es que me tomó en sus brazos y me besó mientras daba vueltas y vueltas sosteniéndome en el aire; luego me miró profundamente a los ojos sin dejar de sonreír y volvió a hacer lo mismo, me besó con mucha ternura y amor infinito, yo volaba por el aire y no me importaba, estaba en el paraíso. Nos miramos largamente, luego recogimos el equipaje, nos tomamos de la mano y salimos de ahí en dirección al estacionamiento donde pude presentarle a Felipe. El saludo fue cordial, no con el natural afecto que brindamos a los extranjeros en mi país, pero yo no quería forzar las cosas, había mucho respeto y eso ya era suficiente para mí.

El viaje tomó un poco más de una hora y durante él, hablamos sólo de cosas triviales. Nos recibió en la casa mi hija María Fernanda, después de las presentaciones de rigor, fuimos a acomodar el equipaje en el cuarto y luego nos reunimos todos en el living a conversar un rato. A continuación mis hijos se despidieron y quedamos solos. Kurt no quiso comer nada, pues en el avión ya había almorzado, entonces nos dedicamos a conversar y conversar. Había tantas cosas de que hablar, estábamos encantados el uno con el otro, nos mirábamos con tanta dulzura, que en ese momento no podríamos imaginar que algún día hubiera altercados entre nosotros, pero los hubo y era normal, la vida en pareja es así, la convivencia no es fácil y menos aun cuando hay un choque de culturas de por medio, pero vale la pena, mil veces vale la pena.

Nuestra conversación continuaba y de pronto Kurt sacó una cajita verde muy linda de su bolsillo, la extendió hacia mí y me propuso matrimonio, al estilo europeo. Parecía un sueño, ahí estaba el anillo de compromiso con un gran diamante y calzaba perfecto en mi dedo anular. Le pedí esperar hasta estar seguros de conocernos lo suficiente para tomar esa decisión y él dijo que ya habíamos esperado bastante, además él estaba muy seguro de lo que quería y sólo necesitaba saber si yo también lo estaba y así era, por lo que decidimos ir al día siguiente a solicitar la hora al Registro Civil para contraer matrimonio lo antes posible.

Esa noche fue mágica para mi, estar con el hombre que amaba y que me trataba con tanto cariño y dedicación, era algo nuevo, algo que nunca había experimentado. Nos dormimos tomados de la mano y despertamos abrazados, nos miramos por largo tiempo, como si quisiéramos aprender el rostro del otro de memoria. Disfrutamos todos nuestros momentos juntos en tanta armonía y felicidad que me parecía estar viviendo un sueño. A pesar de nuestras diferencias culturales, teníamos muchas cosas en común, nos encantaba la lectura y habíamos leído una cantidad enorme de libros de los cuales un gran número eran favoritos tanto de Kurt como míos.

Los trámites de matrimonio fueron muy sencillos, necesitábamos dos testigos mayores de 18 años y un Traductor e Intérprete profesional que acreditara su título con una fotocopia del mismo, certificada ante un notario público. Ya teníamos el día y hora de la ceremonia, así es que me encomendé a la tarea de buscar los testigos y el Intérprete. A los pocos días ya todos se presentaron al Registro Civil y fueron aceptados, sólo quedaba esperar la fecha del acontecimiento. Mientras tanto eso ocurría, pensamos que sería interesante visitar algunos de mis familiares, a la vez que Kurt podría conocer más el país, sobretodo los lugares que tienen mayor similitud con su país natal.

Fuimos a despedirnos de mi madre y quedamos muy sorprendidos al ver su molestia cuando supo que viajamos a visitar la familia y aun no estábamos casados. Para ella, con su educación conservadora y forma de vida tradicional, era casi un insulto someter a la familia a semejante contrariedad. Nos reímos mucho, puesto que ya no éramos para nada adolescentes y mi madre seguía actuando como si yo lo fuera. En fin, a pesar que no logramos disipar su desconcierto, al menos entendió que la situación no era tan terrible, ya que pronto estaríamos casados. Viajamos en tren, no fue buena idea, pero ya estábamos allí y tratamos de pasarlo bien. Llegamos muy cansados después de un viaje de diez horas. Mi familia nos recibió muy afectuosamente. Nos alojamos en la casa de uno de mis primos, su esposa siempre ha sido como una hermana para mí. La propiedad está situada a orillas de la carretera principal, en el sur del país, es maravillosa, tres hectáreas de parque nativo, una casa de ensueño y cuatro hectáreas de hermoso campo natural.

El lugar encantó a Kurt, sin embargo la barrera del lenguaje no le permitió expresar su satisfacción como hubiera deseado, de modo que yo comunicaba en español lo que él quería comentar. La mayor parte del tiempo, una sonrisa fue la mejor manera de mostrar aceptación y para mis familiares eso era suficiente. Fuimos acogidos con mucho afecto en todas partes, la sencillez de Kurt, la facilidad para adaptarse a nuestras costumbres, verlo disfrutar nuestras comidas, fue algo que cautivó a todos quienes lo conocieron.

Mi familia es muy extensa, seguimos viajando más al sur y estuvimos en la casa de otro de mis primos, también casado con una mujer encantadora. Ahí fuimos nuevamente atendidos como reyes y uno de mis sobrinos nos llevó a una playa cercana, para que Kurt pudiera apreciar lo hermoso de nuestras costas. Tuve que hacer el rol de intérprete durante todo nuestro viaje y pienso que lo haré por el resto de nuestras vidas. Kurt habla suizo-alemán, alemán, inglés y un poco de francés, pero su español, es mínimo y la razón es sencilla, yo hablo inglés, mis hijos hablan inglés y donde sea que vamos siempre encontramos a alguien que habla alemán. La colonia alemana es muy grande, sobretodo en el sur del país, una importante ventaja para Kurt.

Un día cometí el error de decirle que si hablaba español, las mujeres latinas se derretirían con su acento, por lo que no debía hablarlo y a pesar de que no creyó en mis palabras, ahora lo usa de excusa para no aprender el idioma, y es verdad que muchas mujeres quedan hechizadas con el acento, pero Kurt sabe muy pocas palabras, además no está interesado en ver la reacción que provoca en otras mujeres.

Regresamos a casa cerca de la fecha de nuestra boda. El hombre de mis sueños y yo contraeríamos matrimonio este mes de Abril, pronto seríamos el Sr. y la Sra. Hugentobler, eso me encantaba. Kurt deseaba que yo usara su apellido como es la costumbre en Europa, sin embargo no es la usanza en mi país, la mujer nunca cambia de apellido debido a su boda. Como no podía cambiar mi nombre por el solo hecho de casarme, decidí cambiar la firma en mi carnet de identidad. La firma, por ser algo personal y único, se puede registrar de la manera que se desee, una línea, un conjunto de líneas, un nombre, etc., entonces opté por firmar con mi nombre y el apellido de mi futuro marido, así todos estábamos felices.

Mi hija también había regresado a casa, vivíamos juntas. Ella nos había dado un tiempo para estar solos y ahora se reunía con nosotros. María Fernanda me había ayudado en el transcurso de todo el proceso de esta increíble relación y fue un gran apoyo cuando mi amistad con Kurt se transformó en algo más serio, también tuvo la oportunidad de hablar con él por teléfono y formar su propia opinión acerca de lo que yo estaba viviendo, fue muy importante para mi tenerla a mi lado. Al contrario de Felipe, quien sólo fue cortés, ella recibió a Kurt de manera muy afable y gentil y congeniaron inmediatamente, podían conversar horas acerca de lugares que ambos habían visitado, como Londres por ejemplo. Los dos tenían predilección por el paisaje inglés, les entretenía mucho hablar de la cultura británica.

Kurt y yo nos casamos el 20 de Abril en un pequeño pueblito del centro del país. La Oficial Civil a cargo realizó una hermosa ceremonia. Las personas presentes eran sólo las citadas al evento. Todo transcurrió en un ambiente muy emotivo y formal, cada frase que se decía era traducida para que Kurt entendiera totalmente el contexto del programa y nos sorprendió a todos al responder en español a la conocida frase:—¿Acepta por esposa a . . . . ?—Él dijo—Sí, quiero—incluso pronunciando la u de la palabra quiero. Fue un momento inmensamente conmovedor, vibrante y tierno a la vez, nunca lo olvidaré.

Después de dar las gracias a la Oficial Civil por la maravillosa ceremonia y despedirnos de los presentes, nos fuimos a casa a descansar y disfrutar lo que habíamos vivido. Esa tarde tendríamos una cena con las personas que nos habían acompañado en la mañana y también con algunos amigos. Habíamos hecho reservaciones con anticipación en un restaurante que nos había sido recomendado. La mayoría de nuestros invitados llegó a tiempo, todo salió muy bien, la cena estaba deliciosa, demasiado abundante quizás, era un desfile de platos exóticos, bebidas, postres, torta y un sinfín de pequeños bocadillos. Nos retiramos relativamente temprano, muchos de nuestros invitados debían viajar de vuelta a sus casas y nosotros sentíamos ya el estrés de un día bastante agitado. No imaginaba entonces que recién estaba empezando la gran aventura de mi vida.

Otoño es una estación maravillosa para contraer matrimonio. Cuando está nublado es lindo permanecer en casa y disfrutar en la intimidad del hogar, no obstante cuando está soleado, es fantástico salir a caminar y recrearse en un entorno hermoso y natural. Pasábamos horas caminando tomados de la mano o en casa hablando de todo un poco. Mi marido ha viajado mucho, precisamente por eso me entretenía tanto escuchando las historias de sus viajes, sus experiencias en cada país; en algunos había estudiado, en otros sólo había estado como turista y en otros había trabajado largo tiempo. Mi pasión por la lectura hacía muy fácil transportarme a los lugares que él describía y entender mejor cada cosa que me comentaba.

La rutina diaria puso en evidencia mi falta de habilidad en la cocina. Antes pensaba que lo hacía muy bien, pero me di cuenta que yo estaba por debajo de los estándares de Kurt. Un día él decidió cocinar y preparó un almuerzo cinco estrellas, desde ese día comencé a ver todos los programas de cocina que pasaban en la televisión, pero no fue hasta que viajé a Suiza, que me convertí en una excelente cocinera. Hoy puedo decir con orgullo que soy capaz de cocinar casi cualquier cosa y prepararlo delicioso.

Como he comentado, nuestras diferencias culturales hacían un tanto difícil la convivencia, sin embargo estábamos convencidos que valía la pena luchar por seguir unidos, además según las propias palabras de mi marido, estábamos hechos el uno para el otro, así es que cada vez que surgía un problema, nos dábamos tiempo para calmarnos y aclarar la situación; la mayor parte de las veces se trató de malos entendidos. Generalmente yo interpretaba mal sus palabras o él entendía mal lo que yo deseaba expresar. No era de sorprenderse que ocurrieran esos desencuentros, ya que ninguno de los dos estaba hablando su idioma nativo, nos comunicábamos en inglés, era el idioma que teníamos en común. Yo deseaba con toda mi alma hablar alemán, siempre soñé tener la oportunidad de aprender el idioma de mis abuelos, lamentablemente no sólo es un lenguaje difícil, sino también extremadamente caro en cuanto a clases se refiere. El único Instituto que garantiza el aprendizaje de ese idioma, no tiene presencia en todo el país y es muy exclusivo.

Entre las actividades que debíamos realizar prontamente estaba la de conseguir residencia permanente para Kurt. Ahora que ya estábamos casados sería más fácil iniciar los trámites pertinentes. Ya teníamos la mayoría de los documentos que debíamos adjuntar a la solicitud de permanencia definitiva. Lamentablemente mi país aun no ha evolucionado mucho, me refiero al burocrático sistema público.

Fue bastante incómodo constatar que además, en ocasiones, debíamos lidiar con funcionarios sin ningún sentido de servicio social, esperar horas mientras ellos tomaban café y compartían las novedades del día y más triste aun era la sensación de impotencia al saber que había tanta gente desempleada y probablemente mucho más capacitada que ellos. Personas que hubieran estado felices de tener la oportunidad de trabajar y con alto espíritu de servicio.

A través de años de sucesivos gobiernos de la misma línea, me di cuenta que la falla más grande que existía en la administración de mi país en esos períodos fue la falta de planeación y de organización, además todos querían dirigir, pero nadie coordinaba y prácticamente muy escaso o ningún tipo de control. Suena increíble, no obstante así ocurrió. Se asignaban enormes cantidades de dinero, miles de millones, a un señor que debía comprar trenes para el país, llegaban unos trenes de segunda mano y el dinero desaparecía por encanto y pasaba el tiempo, nadie sabía nada, no se efectuaba ningún control de los dineros entregados, ni de los avances esperados, así el proyecto quedaba en el olvido. Esto sucedió también en el organismo a cargo de deportes del país y ocurrió con las construcciones de edificios, alguien firmó la autorización municipal para que edificios recién construidos fueran vendidos y habitados y al llegar las primeras lluvias, había más agua adentro que afuera, o peor aun al primer temblor estaban todos resquebrajados y absolutamente inhabitables después de un terremoto.

El motivo por el cual hago estos comentarios está relacionado con las miles de veces que tuve que dar explicaciones a Kurt, cada vez que algo no funcionaba como debía, él no entendía por qué no nos atendían cuando nos habían citado, no nos entregaban los documentos el día que correspondía, nos solicitaban cinco fotografías que nunca habían sido mencionadas, en fin. Por otro lado las noticias mostraban el nivel de delincuencia y corrupción de esos días y a pesar que Kurt no hablaba español, sí entendía bastante bien las imágenes que exponían claramente el ambiente que se estaba viviendo. Era el año 2005, los delincuentes eran arrestados por la policía en forma muy eficiente, sin embargo los jueces los dejaban libres nuevamente, era un círculo vicioso y aterrador.

Es difícil salir del subdesarrollo si seguimos pensando que es normal que todas esas cosas pasen. La gente en mi país veía las noticias y ni siquiera se sorprendía, esa es una muy mala señal. Ese es el momento en que yo instaría a las personas a viajar a países desarrollados y notar la diferencia.

Capítulo II
El Viaje

Viajar es abrir la mente a otras realidades. No soy de las personas que gusten de viajar, pero es extremadamente efectivo para distinguir las diferencias entre un país y otro y sobretodo para notar los grandes errores que se comenten en el nuestro e iniciar una modificación de la conducta y actitud que tenemos para enfrentar con éxito nuestras equivocaciones y los desatinos de algunos de nuestros gobernantes. Asombrosamente, aunque algunos de ellos han viajado mucho, no han sido capaces de corregir los grandes errores que nos afligen.

Tuve una extraordinaria oportunidad de viajar pocos días después de nuestro matrimonio. Recibimos una invitación a la boda de Christine, una de las sobrinas de Kurt. Obviamente ella se casaba en Suiza, en ese momento pensé que la invitación era sólo una formalidad, pero estaba equivocada, mi marido me explicó que nos esperaban allá, además era una excelente ocasión para conocer a su familia, consecuentemente estaba resuelto, iríamos. Esa decisión complicaba mi vida, jamás había viajado tan lejos y menos cruzado el océano. Entiendo que para todo el mundo era una noticia fabulosa, viajar, qué lindo. Ya comenté que no me gusta viajar y no se trata de temor o algo así, es simplemente que me incomoda todo lo que implica un viaje, me gusta mi vida tranquila, eso es todo. Es difícil explicar esto, porque cualquier latino se muere por viajar a Europa alguna vez en su vida.

Para Kurt viajar era algo tan común, pero para mi algo totalmente inesperado. En esos momentos estábamos todavía viviendo nuestra luna de miel, mi marido consideró que un viaje a Europa sería el broche de oro para nuestro cuento de hadas. No sólo conocería a su familia, sino también su pueblo natal, eso me emocionaba considerablemente. María Fernanda conocía una agencia excelente, evidentemente fue ella quien hizo los arreglos de nuestro viaje. Un día llegó con los boletos, todo estaba listo para partir el 6 de mayo.

Imposible explicar lo rápido que pasaron los días y ya pronto debíamos marchar al aeropuerto y casi sin darnos cuenta estábamos abordando el avión que nos llevaría a hacer escala en Madrid y luego Swiss Air para llegar a Zurich en la tarde del 7 de Mayo. Fue un viaje tremendamente largo para mí, pero ya estábamos en Suiza. Fue muy pintoresco que al bajar del avión teníamos que movilizarnos en un tren para llegar al hall del aeropuerto. Estaba bastante cansada, sin embargo con suficiente entusiasmo para admirar todo a mí alrededor. Kurt tomó mi mano y me guió a través de innumerables pasillos. Después que pasamos el control obligatorio de ingreso y recogimos nuestro equipaje, me mostró donde estaba su familia esperando por nosotros. De ahí en adelante fue un carnaval de emociones, lágrimas, abrazos y besos. Esa fue mi parte favorita, cuando cada uno me dio tres besos, en aquel momento me sentí totalmente bienvenida.

Mi nueva familia parecía ser gente encantadora, ellos me hicieron sentir en casa inmediatamente. La familia había pensado en todo, ellos consideraron que nos gustaría alojarnos en la casa donde Kurt había crecido. La casa pertenecía hoy a Oskar, uno de los hermanos de Kurt, así es que fue él mismo quien nos llevó al lugar. No podría describir en toda su magnitud la belleza de todo lo que vi durante el viaje a la casa, puesto que no encuentro las palabras que puedan describir apropiadamente el Paraíso. Sin exagerar, considero mi país uno de los más bellos del mundo, tenemos un místico desierto, valles, glaciares y montañas con maravillosas cascadas, sin embargo lo que ahora estaba viendo parecía formar parte de un cuento de hadas.

Llegamos a Hinwil, un fascinante villorrio perteneciente al Kanton de Zurich y localizado a los pies de un hermoso cerro, el Bachtel. Me llamó la atención que casi todo el territorio que recorrimos era muy ondulante, pocos sectores eran planos, la ciudad misma estaba edificada sobre pequeñas colinas. Kurt me comentó que la mayoría de las ciudades de Europa tenían esa característica, calles que suben y bajan rodeando las casas, iglesias y edificios públicos. Recordé las famosas siete colinas de Roma, lagos, ríos y todas las clases de geografía se agolparon en mi mente, en ese preciso instante no imaginé que tendría un encuentro con la historia del continente en las próximas semanas.

Tal como la familia había acordado, nos quedaríamos en la casa que había pertenecido a los padres de Kurt. La casa era típica suiza, muy grande, con un subterráneo en concreto, obligatorio en la época en que fue construida, debido a la guerra. Tenía tres pisos, en el primero estaba el área social, living y comedor separados, además una oficina y la cocina; en el segundo dos dormitorios y una suite matrimonial con vestidor anexo y un gran baño; el tercer piso correspondía al ático, enorme y casi abandonado, donde se podían encontrar las cosas más diversas y maravillosas.

Afuera no había rejas ni delimitaciones de terreno, no se veía ningún tipo de cercas, sólo preciosos jardines, llenos de flores y adornados con hadas y duendecillos, un sueño. Las ventanas y balcones de las casas tenían grandes jardineras con geranios en flor. El pasto en todos los lugares, incluso en los pequeños cerros cercanos había sido cortado prolijamente. Hacia donde posara la vista tenía una postal, era como estar en una tierra mágica y recordé un libro que le leía a mis hijos cuando eran pequeños, ya que las ilustraciones eran bastante similares a lo que estaba viendo allí, se trataba de un niño que aprendía una muy buena lección, Nils Holgerson, de la escritora sueca Selma Lagerlöf.

Ya estaba todo preparado para nosotros en la casa. La familia esperó que organizáramos nuestro equipaje y después todos juntos compartimos una deliciosa cena, preparada por Katia, la dueña de casa y esposa de Oskar. Precisamente ahí entendí que tenía mucho que aprender respecto a cocina. Las horas pasaban raudas, demasiadas vivencias. Había conocido a la mayor parte de la familia de Kurt y trataba de retener los nombres de cada uno, no era tarea fácil ya que nadie se llamaba Manuel, Pedro, Juanita o María.

Los idiomas oficiales del país son el alemán, francés, italiano y romansch. Es muy llamativo que se hablen tantos idiomas en un país tan pequeño y se debe a su situación limítrofe, puesto que está situado en el medio de Europa, entre Alemania al norte, Francia al oeste e Italia al sur, además de Austria y Liechtenstein al este. La mayor parte del país habla suizo alemán, no obstante gran parte de la población domina el inglés también. Así tuve la posibilidad de entenderme con gran parte de la familia. Después de conversar unos momentos y entregar algunos presentes, dimos las buenas noches a cada uno y nos fuimos a dormir, había sido una jornada agotadora.

Nuestro dormitorio era muy confortable, me sentía muy cómoda allí. Mientras Kurt ordenaba su ropa, cepillé mis dientes, luego me acerqué a la cama y la abrí para acostarme pero no había sábanas, pregunté a mi marido donde podría encontrar algunas y él empezó a reír sin parar, en seguida me explicó que allá no usan sábanas de la forma como lo hacemos en mi país; ellos usan sólo una para cubrir el colchón y encima un hermoso y gran plumón. Esa noche dormí fabuloso a pesar del cambio horario y de los más de 10 mil kilómetros de distancia de mi hogar.

Cuando desperté la mañana siguiente me sentía tan feliz de todo lo que había visto y vivido que deseé con todo mi corazón que mi país algún día fuera como Suiza, ya que hoy todavía la gente bota basura en las calles, cada vez que veo eso me detengo y le digo a la persona que se le cayó un papel, a veces resulta y se sienten avergonzados por sus malos hábitos y lo recogen, otras veces son caso perdido. Mi esperanza en un gran avance está fundada en los mil quinientos años de ventaja que Europa tiene sobre nosotros. Tal vez mis tatara tatara nietos podrían gozar de una mejor calidad de vida en Sud América entonces. Mis pensamientos fueron agradablemente interrumpidos por un beso de buenos días, es imposible empezar el día de mejor manera. Luego de una deliciosa ducha me vestí con ropa cómoda y zapatos bajos, sabía que ese día caminaría como nunca en mi vida. Estaba segura que Kurt querría mostrarme la ciudad completa en un día, además él estaba entusiasmado en comprar con anticipación los boletos para viajar a Venecia y París, estaba ansioso por mostrarme los lugares que había recorrido tantas veces y su restaurante favorito en París: La Mère Catherine. Cada cosa que vivía al lado de ese hombre maravilloso parecía un sueño hecho realidad, con Kurt supe que el Paraíso estaba acá en la Tierra y su ubicación exacta era el centro de Europa, Suiza.

Tal como esperaba, Kurt y yo caminamos hacia la ciudad, distante un kilómetro del lugar donde estábamos alojados. Puedo decir con toda honestidad que disfruté cada centímetro del paisaje. Una vez llegamos nos dirigimos a la Oficina Postal, compramos unas tarjetas que escribimos en el lugar y las enviamos a mis hijos y demás familiares y otras a algunos amigos. Salimos de allí, tomamos fotos y luego caminamos hacia la estación de trenes. Me llamó la atención la cantidad de revistas de viajes que allí había y que cualquiera podía tomar gratis y llevar a casa, eran revistas de muy buena calidad, de gran tamaño y maravillosas fotografías. Estuvimos hojeando algunas, buscando el paquete turístico que más nos acomodaba para viajar a Venecia y permanecer en aquel lugar varios días y para el siguiente viaje que sería también en tren, con destino a París. Programamos los viajes para el mes de Junio, así podríamos continuar disfrutando de Suiza por un tiempo.

En la tarde estuvimos paseando sin rumbo fijo y recordé que tenía curiosidad por conocer una iglesia protestante. La familia de mi marido es protestante, su abuela no lo era, ella practicaba la religión católica y Kurt siempre la recuerda con un rosario entre sus manos. Caminamos calle arriba hacia la iglesia, lo que me sorprendió en primer lugar fue constatar que estaba abierta y le comenté a mi marido que en mi país, normalmente las iglesias tiene ciertos horarios y son bastante restringidos; él me indicó que en general, en Europa, las iglesias tanto protestantes como católicas permanecen abiertas casi todo el día y hoy puedo dar fe de ello ya que todas las iglesias que visité en mi viaje estaban abiertas a los visitantes.

Especialmente hermosa era esta iglesia que estábamos visitando, no muy grande y con sus asientos ordenados en semi círculo, esto la hacía muy acogedora. La diferencia que pude observar entre los templos que yo conocía, católicos todos y esta preciosa iglesia, era el sector del altar. Resaltaba mucho más una especie de pila bautismal de gran tamaño, muy bella con lindos símbolos tallados, además había sobre ella gran cantidad de flores, preciosas flores. El altar propiamente tal era menos ostentoso que los de las iglesias católicas. Había un antiguo y bellísimo órgano en un costado y un púlpito en el otro. Vi algunos libros en los asientos, tomé uno para mirarlo de cerca y ver que contenía, eran canciones de culto. Intenté repetir las palabras que leía con entonación de canción religiosa, pero mi marido me aconsejó no continuar ya que no quedaría ningún ángel en el lugar si yo seguía cantando, por lo que dejé el libro en su puesto nuevamente.

Supe que se desarrollaban importantes actividades culturales en esa iglesia, numerosos conciertos durante el año y en Navidad se realizaban especiales representaciones para toda la familia cristiana, con gran dedicación a los niños. Eso me recordó nuestros hijos, digo nuestros ya que al día siguiente llegaría el único hijo de Kurt, Daniel, de 15 años y yo ya me sentía mamá de ese hermoso niño, había visto cantidades de fotografías de él, sobretodo de pequeño, Kurt me había contado lo difícil que fue la separación y cuanto dolor trajo a su vida, al no poder compartir todo su tiempo con su amado hijo. Salimos de la iglesia, nos dirigimos a casa presurosos, ya era hora de cenar.

Katia nos sorprendía cada día con su extraordinaria habilidad para cocinar, de ella aprendí muchas recetas deliciosas y recibí de regalo unos libros de cocina suizos muy apreciados que son mi tesoro, mis Betty Bossi. Yo estaba muy agradecida de la familia de mi marido. Katia, a pesar de sus múltiples actividades, se esforzaba por hacernos sentir bienvenidos en su casa.

La familia toda estaba entusiasmada esa mañana, Daniel llegaría pronto. Oskar y Kurt fueron al aeropuerto. Nadie aun le había comentado al chico que su padre había vuelto a contraer matrimonio. Lo último que padre e hijo habían conversado era referente al viaje de Kurt a América Latina, donde esperaba radicarse definitivamente, porque había una mujer con la que esperaba compartir su vida. Sentimos llegar el auto y todos salieron a recibirlo, yo esperé en el living para darle tiempo a Kurt de abrazar a su hijo a su antojo.

El chico se veía cansado, había tenido un viaje larguísimo, su hogar estaba a miles de kilómetros de allí, en un país de habla inglesa. Al verme me saludó con una linda sonrisa, yo lo abracé con cariño por un rato, luego lo miré a los ojos y le dije lo hermoso que me parecía. Se veía muy tímido y no hablaba el idioma de su padre, entendía bastante pero siempre respondía en inglés, para mi era fantástico porque podíamos conversar sin problemas.

Capítulo III

Los bosques suizos

La llegada de Daniel iluminó la vida de Kurt y a pesar que se comportaba bastante estricto como padre, varias veces advertí como lo miraba y se llenaban sus ojos de lágrimas. Yo como latina, lloraba a mares. Daniel ya sabía que Kurt y yo nos habíamos casado, su padre lo había apartado unos momentos la noche anterior y habían conversado del asunto. Me sentía tan unida a ese niño, me inspiraba tal ternura que no reprimía mis ansias de abrazarlo y darle cariño, él a su vez me buscaba y se acurrucaba a mi lado; era mi bebé en esos momentos. Kurt y yo hablábamos de nuestros hijos y los tratábamos por igual, con gran amor, sin embargo guiándolos con disciplina al logro de sus metas. En realidad era Kurt quien hacía esa labor, yo simplemente los amaba a todos y los consentía a más no poder.

Normalmente en las tardes Kurt y yo salíamos a caminar, había muchos bosques cerca y nos encantaba recorrerlos. Ahora teníamos un compañero, nuestro querido Daniel.

En varias ocasiones nos topamos con personas regresando a sus casas y nos saludaban en su idioma y por supuesto a la usanza suiza, lo que me fascinaba—Grüezi—Grüezi Mitenand—Me gustaba mucho andar por esos caminos rurales. Algunas veces salía sola y me internaba en algún bosque por el sólo hecho de relajarme y disfrutar de su belleza. Nunca sentí temor, al contrario, sentía mi corazón inundado por la paz del lugar, podía estar horas contemplando los enormes pinos, las flores silvestres, la diversidad de colores de las hojas caídas, los pajarillos, las ardillas que se acercaban a curiosear y lo más hermoso, los pequeños venados que me miran a la distancia.

Mi conocimiento de los venados se restringía a la película Bambi, de modo que ver venados en vivo y en directo era una novedad espectacular para mí. Cada vez que iba al bosque pensaba lo mismo, así debía ser el ideal de Paz. Sin embargo no siempre fue así. La admirable historia de este pequeño gran país empezó en los bosques suizos, hubo muchas batallas, no fue fácil lograr la autonomía territorial.

Sentía emoción al leer como se inició todo, me imaginaba los valientes suizos de los kantones de Uri, Schwyz y Unterwalden luchando para mantenerse independientes y la forma tan inteligente como lograron controlar el comercio que fluía hacia otras regiones. La convicción en sus principios y el tesón que mostraron al desterrar incluso a los condes de la casa de Habsburgo, además de la leyenda extraordinaria de su héroe máximo, Guillermo Tell, todo eso mantenía mi gran admiración por este pueblo de gentes tan valiosas. Me sorprendió también la enorme labor realizada por Zwinglio, el gran teólogo y filósofo suizo, quien luchó contra la corrupción de la iglesia católica, apartándose de ella e iniciando una gran reforma.

Me maravillaba la motivación que los impulsaba a luchar, no tanto por extender su territorio, Suiza tiene sólo 41.284 km2; sino más bien por su libertad de acción, luchaban para poder decidir su propio destino, establecer sus propias reglas y principalmente, vivir de acuerdo a sus propios valores. Respeto y conciencia limpia, la certeza de hacer las cosas bien. Los suizos lucharon por entregar a las generaciones venideras una herencia inestimable, el orgullo de no depender de ningún tipo de presión y ser respetados y admirados por el mundo. Suiza sigue siendo neutral hasta nuestros días y está considerado uno de los países más ricos del mundo según el Banco Mundial, interesante sobre todo cuando caminamos por sus campos y nos encontramos con personas que nos miran con ojos sinceros y sin conocernos nos dicen—Grüezi—y nos hacen sentir bienvenidos, bienvenidos al Paraíso.

Mi reciente matrimonio había transformado mi rutinaria existencia en un mundo de emociones. Había trabajado toda mi vida en el área de administración de empresas y con una dedicación total a excepción del tiempo que compartía con mis hijos. Mi trabajo era el refugio perfecto para evitar pensar en mi vida personal. Siempre que tenía oportunidad estudiaba y me preparaba más y más para enfrentar nuevos desafíos profesionales, pocas veces me di tiempo para disfrutar de la naturaleza y las maravillas de la creación. Ahora estaba retirada y en ese paisaje de ensueño estaba recuperando el tiempo perdido.

Cierto día en uno de mis diarios paseos, en un recodo del camino había un pequeño ratoncillo, no se movía. Me detuve y esperé y como seguía quieto, me agaché a su lado, puse mi dedo índice sobre él y lo acaricié, entonces inclinó su cabecita, me permitió mimarlo un poco más y luego se marchó. Jamás en mi vida hubiera hecho esto antes, los ratones, grandes o pequeños me provocan desagrado, lo que no imaginé era que incluso los ratoncitos podían ser tan simpáticos y sociables allí, como en el cuento de la Cenicienta. Pensé lo fácil que podría ser lograr inspiración, para escribir cuentos de hadas en un ambiente como ese.

En otra ocasión subí por un camino ondulante a un pequeño cerro y entré al bosque del lugar, estaba muy cerca de casa y me agradó tanto que lo convertí en "mi bosque". Advertí que uno de los árboles había sido cortado dejando un tronco de más de un metro de alto, abajo era ancho, tenía un corte horizontal y estaba adelgazado hacia arriba; lo que hacía de él un estupendo asiento con un gran respaldo. Cuando volví a casa le comenté a Kurt de mi hallazgo y él decidió ir a ver la perfecta silla que yo había encontrado. Subimos el cerro, entramos al bosque, yo corrí hacia el asiento y me senté muy feliz, entonces él se alejó un poco y luego volvió con una corona de flores hecha por él mismo y me nombró la Reina del Bosque. Ahora mi cuento de hadas era completo.

Reímos y nos abrazamos, luego bajamos lentamente tomados de la mano, en el camino a casa nos encontramos con Christine que venía a ver a sus padres y confirmar los preparativos de su boda civil que sería al día siguiente. Todos debíamos estar listos temprano para trasladarnos a Rapperswill, en el Kanton St. Gallen, donde se celebraría la ceremonia. Una vez hechas las confirmaciones de horario, ella se despidió para ir a reunirse con su novio y ultimar otros detalles importantes para el próximo día.

Capítulo IV
La boda de Christine

Fue difícil dormir esa noche, creo que logré dormitar sólo pocas horas. Muy temprano en la mañana Kurt me despertó cantando—Guten morgen, guten morgen . . . .—y con un delicioso desayuno en cama para los dos. El aroma a café recién preparado me despertó completamente y fui muy feliz con la rebanada de pan y Ovomaltine, mi favorito. La ducha me ayudó a relajar los músculos y pronto ya estaba recuperando energías. Sabía que sería un día pesado, sin embargo me entusiasmaba la idea de conocer nuevos lugares.

Partimos muy temprano hacia Rapperswil. El viaje no tomó mucho tiempo, mi cuñado Oskar manejaba orgulloso su Audi que estacionó cerca del Hotel Schwanen. Allí quedé deslumbrada con los cisnes en la orilla del lago Zurich. Caminamos después por una antigua calle de adoquines que subía hacia un castillo, había murales en las paredes de las casas, con escenas del medioevo, me sentía verdaderamente viviendo en la Edad Media. Parecía que tenía ante mí toda la historia universal. Recordé a mi profesora de Historia, una mujer extraordinaria; ella tenía la habilidad de cautivar nuestra atención con gran facilidad y transportarnos a los lugares que describía. Entonces pensé, tal vez yo he estado en este lugar antes . . . . quizás, en una de sus clases de historia.

Recorrimos el camino que lleva al castillo donde los novios harían sus votos. Ellos habían solicitado celebrar su matrimonio en ese castillo con bastante anticipación. Kurt me había explicado que para casarse era necesario ir a la oficina del Registro Civil y manifestar el deseo de contraer matrimonio, igual como se hace en mi país. En Suiza la oficina debe publicar la manifestación en el periódico local y en el mural informativo de la Municipalidad, entonces la pareja debe esperar treinta días, período en el cual se pueden presentar reclamos legales. Pasado ese plazo y si no hay objeciones, los novios adquieren el derecho a contraer matrimonio.

Entramos al jardín del castillo, un hermoso parque con grandes árboles, algunos muy antiguos, muchos arbustos en flor y numerosos rosales. Luego ingresamos a un enorme hall cuyas paredes tenían murales pintados hace varios siglos. Supe que el castillo, creado para ser una fortaleza en la época, había sido construido entre 1220 y 1230 y era habitado por el Gobernador del Condado, quien estaba a cargo de cobrar los impuestos referentes al comercio que se efectuaba a través del lago.

Subimos unas escaleras siguiendo a la concurrencia que iba guiada por la persona que oficiaría la ceremonia, una señora muy amable que vestía un traje dos piezas listado en colores celeste y gris. Se sentía la formalidad del ambiente, gran seriedad y respeto, pero demasiado silencio, eso creaba una especie de tensión como si todos estuviéramos ahí para dar un importante examen, no podía haber errores. Es cierto que se trataba de algo muy serio, un matrimonio, pero también se suponía que era un acontecimiento feliz.

El salón estaba adornado con muchas flores, había una gran mesa rectangular al centro de la habitación, medía al menos seis metros de largo, una silla en el centro de uno de sus lados y cuatro sillas al frente en el lado opuesto. También había varias sillas alrededor del recinto. La oficial civil nos invitó a todos a tomar asiento, ella se sentó donde estaba la silla sola al lado de la mesa y abrió un enorme libro; los novios y sus testigos se sentaron al frente y así comenzó la ceremonia. Me dio la impresión que se trataba de muchas preguntas y respuestas porque ella se dirigía tanto a los novios como a los testigos y luego escribía en su gran libro. Después de largo rato, vi sonreír a los novios por primera vez, entonces todos sonrieron, fue como un alivio para mí, éramos todos felices otra vez.

Nos despedimos de la oficial civil y bajamos Kurt y yo tomados de la mano, nos reunimos con el resto de la familia y los recién casados en el jardín del castillo. Ahí conocí mucha gente y tuve la suerte que la mayoría de las personas de la familia y los amigos de mi marido hablaban inglés además de su idioma nativo, así es que pude conversar con varios de ellos. Por supuesto todos querían saber cómo nos habíamos conocido, cómo era mi país y muchos preguntaban si bailaba salsa, mambo, etc., también se extrañaron que yo hablara inglés, ¿dónde había aprendido?, en fin, por todas sus preguntas deduje que en Europa piensan que los latinoamericanos somos una especie rara.

Podría comparar el comportamiento de los europeos al que tenemos los adultos cuando un niño nos sorprende con sus habilidades y nos cuesta creer que sea capaz de hacer o decir lo que vemos u oímos. Sucedió exactamente eso cuando alguien me preguntó acerca de la economía de mi país, yo comenté el nivel de inflación que teníamos y el manejo que hace el Banco Central para controlarla, nuestras exportaciones, los proyectos de inversión, las tasas de interés, entonces todos me miraban como si yo fuera extraterrestre, por lo tanto pensé que lo mejor era solamente sonreír y eso hice.

Me acerqué a Kurt para saber qué estaba previsto para el resto del día y me comentó que éramos libres para hacer lo que deseáramos y él había pensado llevarme a Zurich. Me encantó la idea, nos despedimos de todos y fuimos a tomar un barco que nos llevaría a esa ciudad. Almorzamos mientras viajábamos, era fascinante ver el panorama desde ahí. Kurt fue nombrando cada pueblo por donde pasábamos y contándome un poco de su historia.

Bajamos del barco y me sentí atraída por todo cuanto veía en el comercio del puerto, quería comprar cada cosa que miraba, pero mi marido ya tiraba de mi mano, así es que resignada lo seguí hasta que llegamos al centro de la ciudad. Recorrimos la Bahnhofstrasse con sus elegantes tiendas, Cartier, Chanel, Bulgari y las prestigiosas Confiserie Sprüngli Paradeplatz y

Confiserie Teuscher. En estas últimas compramos muchos chocolates que fuimos saboreando mientras nos dirigíamos al sector antiguo de la ciudad. Bajamos por la calle que bordea el río mirando las pequeñas tiendas de artesanos.

Seguimos caminando hasta llegar a una tienda de antigüedades, pensé lo que significaba antigüedades en Europa, tal vez serían objetos no de 100 ó 200 años atrás, sino tal vez 500 ó 1000, estaba muy entusiasmada. Entramos fascinados por todo lo que veíamos. En un estante había un gran frasco color café oscuro decorado con flores doradas y a su lado una caja de madera muy bella, hice un gesto a Kurt para que se acercara, él sabía la debilidad que yo tenía por las cajas decoradas.

Un poco cansados decidimos ubicar un lugar tranquilo para relajarnos y buscamos una iglesia. No importaba si era católica o protestante, necesitábamos un poco de paz. Kurt quiso llevarme a la Iglesia de San Pedro, una de las más antiguas de Zurich, me comentó que había sido construida en el mismo terreno donde antes estuvo el templo de Júpiter en tiempos del Imperio Romano y databa del siglo XIII. Me sentí casi viviendo en esa época cuando entré al Templo, los europeos sí que saben conservar los tesoros que han heredado, me maravillé con cada detalle, es difícil describir la extraordinaria belleza que hay en su interior. Nos sentamos y estuvimos largo rato sin hablar, cada uno sumido en sus propios pensamientos. Ya era hora del cierre por lo que abandonamos la iglesia y recuerdo que después miré hacia atrás y pude ver a la distancia en el grandioso reloj de la torre, las seis y cuatro minutos. Eso es algo que también me maravilló, todas las iglesias tienen un gran reloj y todos esos relojes funcionan perfectamente.

Recordamos que al día siguiente era la boda de Christine en la Iglesia de Hinwil y debíamos preparar nuestros trajes para la ocasión. Volvimos en tren a casa y una vez allí preparamos café y unos sándwiches, nos sentamos en el living y mi marido me contó más acerca de su hermoso país.

Busqué un atlas para poder ubicar todos los lugares que había mencionado y anoté en una libreta los datos, me interesaba conocer más el país, lo que ya había visto me tenía encantada, entonces fuimos seleccionando los lugares más cercanos primero y los de mayor significación para él. Ya era bastante tarde, por lo que decidimos descansar para poder disfrutar al día siguiente de la fiesta que nos esperaba.

El día de la boda había mucha agitación en la casa, llegaron las hermanas de Christine con sus hermosos vestidos de fiesta. No puedo dejar de mencionar que además de sus excelentes dotes en la cocina, Katia cosía de maravilla. Los vestidos de fiesta de sus dos hijas casadas y el de ella propio, eran de su creación. Yo misma la vi coser y coser cada noche con gran delicadeza las piezas de cada uno.

La Iglesia de Hinwil, hermosamente decorada, recibía a los invitados a la celebración del matrimonio de Christine y Serge. Era Sábado y el día, un poco lluvioso, hacía incómoda la espera afuera del recinto, así es que decidimos entrar y nos sentamos cerca del pasillo, para ver pasar a los novios. A pesar de estar ya casados por las leyes civiles, todos nos referíamos a ellos como "los novios". Con puntualidad suiza se inician los acordes de la marcha nupcial, el novio sonríe al ver la belleza de su prometida. El vestido de novia era tan espectacular que todos quedamos extasiados, todo bordado de perlas y encajes, definitivamente espectacular.

Nunca había asistido a una ceremonia en una iglesia protestante y menos en otro idioma, pero no fue difícil entender lo que el sacerdote decía, ya que era muy similar a la formalidad que utiliza la iglesia católica en estos casos y era posible imaginar las frases al ver la reacción de los novios. Los anillos, esa parte me encantó, había tanto amor en ese intercambio de anillos que casi lloré. El beso selló la ceremonia, fue un momento solemne de amor, una promesa sin palabras.

Salieron los recién casados seguidos por la familia y amigos, todos queríamos abrazarlos y felicitarlos. Nos fuimos en auto hasta Altendorf donde esperaba el barco que daría a los invitados un paseo alrededor del lago Zurich y un primer cocktail. Parecía una fantasía, viajar en el barco, vestidos de etiqueta, beber champagne mirando el paisaje, todos charlando y riendo felices, pensé lo increíble que era vivir esos momentos. Ahí estaba yo en medio de esas personas, cuyas vidas eran tan distintas a la mía, compartiendo un elegante cocktail, hablando un idioma que no era el mío y tratando de conectarme con sus costumbres. Me di cuenta de pronto que mi corazón seguía en mi país, no podía evitar sentir nostalgia y a pesar de todo lo hermoso que estaba viviendo, añoraba mi país, entonces supe que no sólo pensamos en nuestras raíces cuando estamos tristes, sino también cuando somos felices.

Poco antes de terminar el paseo se repartieron unas tarjetas de colores, Kurt recibió una y me mostró que en un lado estaban escritos los nombres de los recién casados y su dirección en Suiza, y al reverso cada invitado debía poner su nombre y ofrecer un regalo. No entendí mucho, ya que los regalos ya estaban enviados, pero observé como mi marido escribía la tarjeta y me llamó la atención que tenía una perforación en una esquina, pregunté a que se debía y sólo contestó que pronto lo sabría. Así fue, llegamos nuevamente a Altendorf y en las barandas de la pasarela que debíamos cruzar al bajar del barco, había muchos globos atados, entonces Kurt me pidió que escogiera uno, tal como lo hacían los demás y ató el hilo del globo a la tarjeta, para eso era la perforación.

Cuando todos tenían las tarjetas atadas a los globos, alguien dio la orden de soltarlos y fue muy pintoresco ver todos esos globos volando en distintas direcciones. Pregunté qué había escrito y me comentó que les había ofrecido una cena bailable en el restaurante donde solíamos ir los sábados por la noche en mi país. Sabíamos que la pareja iba a recorrer Sud América, por lo tanto era posible cumplir con lo ofrecido, pero todavía tenía dudas de cómo funcionaba eso de las tarjetas.

Mi marido, adivinando mis pensamientos, me explicó que esa tradición no se realizaba sólo en Suiza y que la gente que encontraba una tarjeta botada en la calle o donde sea, la tomaba y despachaba por correo; al ser recibida por el matrimonio a quien iba dirigida, ellos podían reclamar el regalo ofrecido en ella. Supe más tarde que la pareja recibió tarjetas enviadas desde Austria y Alemania, además de las que llegaron desde ciudades suizas, no me llamó tanto la atención porque Suiza es un país muy pequeño, pero sí me impresionó que los globos viajaran kilómetros y no se rompieran. Me encantaría que esa tradición existiera en todo el mundo.

Siempre he creído que las tradiciones son algo mágico, que no sólo identifican a un país o grupo de personas, sino que también sirven como un lazo que refuerza la autoestima de quienes las siguen, un sentido de pertenencia muy potente, elemental en la vida de todo ser humano, como lo demuestra la teoría de Maslow. Continuar una tradición es compartir el orgullo de ser parte de algo importante, algo que no nació ayer, que tiene historia y envuelve a sus participantes en una suerte de vínculo invisible, un sentimiento de identidad que proporciona fuertes raíces y hondas emociones.

Aun me esperaba otra sorpresa, después de cruzar la pasarela al abandonar el barco, caminamos por una calle de adoquines hasta el lugar donde se celebraría la fiesta. En la entrada había un payaso en zancos muy largos con sus piernas abiertas a modo de puerta y vi que todos pasaban por ahí como lo más natural, obviamente hice lo mismo, fue divertido. Adentro había más payasos divirtiendo a la gente, haciendo animalitos con globos y distintas actividades recreativas. De pronto silencio absoluto, un señor con una caja de vidrio y dentro de ella una serpiente, creí que moriría ahí mismo.

Todos estaban fascinados con el espectáculo y yo lloraba despacio en una esquina, sin poder parar. Nadie entendía que me pasaba y yo no entendía como podían disfrutar de algo tan repugnante. Por fin terminó la función, el hombre se fue y yo respiré de nuevo más tranquila. Al parecer alguien de la familia había contratado ese show para "animar" la velada.

Pasado el incidente empezó la música, muy suiza, muy linda. Kurt y yo buscamos nuestros nombres en las mesas dispuestas para la ocasión, nos sentamos y al igual que los demás degustamos los deliciosos platos que nos fueron servidos. Afortunadamente la comida era muy parecida a lo que yo acostumbro comer y deliciosamente preparada.

Hago el comentario de la comida porque un día que Katia y sus hijas me invitaron a pasear a Winterthur, cuando fue hora de almorzar, pasamos por un restaurante que tenía unas mesas al aire libre y había un señor con un plato en el que se veía un trozo de melón calameño y varias rebanadas de distintas clases de jamón, enrolladas en forma muy decorativa. Yo no podía creer que alguien comiera melón con jamón y ellas me explicaron que era un plato considerado una delicatessen.

La fiesta continuaba, cuando terminamos el postre y el café, alguien propuso presentarnos uno por uno, ya que habían muchos invitados que no se conocían entre sí y era mi caso en particular, entonces en el marco de un cuadro vacío, cada comensal fue poniendo su rostro, diciendo su nombre y grado de familiaridad con los recién casados. Obviamente todos lo hicieron en suizo alemán, por lo tanto cuando llegó mi turno, me paré sonriendo, puse el marco en mi rostro y me presenté en alemán, haciendo además alusión a mi origen latino, a mi esposo suizo y a la felicidad que sentía de estar ahí, todos aplaudieron y fui aun más feliz.

Mi marido estaba tan orgulloso, que no podía creer lo que había visto. Incluso yo estaba sorprendida que había salido todo tan bien, porque no había ensayado eso, ni siquiera sabía que harían lo de las presentaciones y yo no hablo alemán, pero algo había captado en el tiempo que llevaba allá, fue grandioso.

Después de las presentaciones nos entregaron a cada uno unas varitas para ser encendidas cuando los novios bailen el vals. Empieza la música, se encienden las varitas y todo parece mágico, pero cuando realmente me sentí como en un cuento de hadas, fue cuando tuve la oportunidad de bailar vals con mi marido, quien como buen suizo, baila el vals de maravilla. Todo era diferente a lo que había visto o vivido antes, desde la gallarda y elegante postura hasta el dominio de los giros y compases. Recordé el vals de la Bella Durmiente de Tchaikovsky y sonaba en mi mente la letra que fue adaptada para la película . . . . "eres tu el príncipe azul que yo soñé . . . .", y ahí tenía yo a mi príncipe azul bailando majestuoso, sólo que el vals era nada menos que El Danubio Azul, por supuesto fascinante, amo esa música.

Más tarde pude comprobar que Kurt no sólo baila el vals en forma magistral, sino también la música folklórica de su país, pues llegó a la fiesta un grupo que tocaba sólo música suiza y fue muy lindo ver a todos bailar entusiasmados al ritmo de esas alegres melodías. La forma de bailar esas canciones es bien peculiar, dan muchas vueltas como en el rock and roll, pero también similar a los rápidos y alborozados corridos mejicanos.

Conocí mucha gente en esa fiesta, fue muy interesante. Me di cuenta que los suizos hablan mucho de política y están al tanto de todo lo que pasa en su país en materia social, laboral, económica y en general en todo ámbito. Supe luego que los ciudadanos suizos son consultados y deben votar en cada ocasión que se modifique o se cree un estatuto, ley o reglamento, incluso los suizos que viven en el extranjero deben pronunciarse acerca de cada ordenanza. Para regular el proceso, el gobierno suizo tiene un registro actualizado de todos sus ciudadanos y están en constante contacto con ellos. Cuando se habla de la precisión suiza, se entiende que no se trata sólo de relojes, es la vida misma, todo parece funcionar en perfecto orden.

Así, al viajar por Suiza, se ve esa perfección en el grado de eficiencia del transporte, las oficinas públicas, los bancos, los supermercados, en fin, todo marcha exquisitamente bien. Además, hay un notorio cuidado en el aseo de las ciudades, es una actitud maravillosa que tienen las personas por mantener la belleza de su entorno. Es evidente que poseen absoluta conciencia del efecto benéfico que produce en el ecosistema el hecho de cuidar y preservar el medio ambiente, es una lástima que nosotros, los latinos, estemos a años luz de estos sistemas de organización, que requieren educar a la población para trabajar en conjunto por un bien común.

En mi país, a pesar que los municipios han instalado basureros en las ciudades, casi en cada esquina, la gente no aprende y salir al campo no es la excepción, la gente hace picnic y deja todos los restos tirados en el suelo, además de botellas vacías, bolsas plásticas, papeles, etc. Más triste aun es cuando hacen fogatas y ni siquiera las apagan como es debido, entonces ocurren incendios que no sólo destruyen, sino a la vez contaminan y ponen en peligro a los vecinos y también a la flora y fauna que habita esos lugares.

Estoy en una fiesta, no debo ponerme triste, pero ya es hora de irse, me siento cansada ya que bailé mucho, pero también producto de tanta agitación vivida y de la interacción con tantas personas. Nos despedimos de la mayoría de los asistentes y nos vamos con unos familiares a casa, a Loch.

En el camino Kurt me contó un poco acerca de cada uno de los parientes que encontró en la boda y el tiempo que había pasado sin verse, los sobrinos que recién conoció y todos los cambios que había notado en ellos. Recordó parte de su adolescencia, sus primeras fiestas bebiendo sólo Rivella y bailando toda la noche. Yo recordé los malones que hacíamos con mis primos y amigos y era la misma tónica, sólo bebidas y mucho baile. ¡Qué tiempos aquellos!

Durante los próximos días visitamos algunas ciudades suizas, todas hermosas por cierto. Estuvimos en Lucerna, una localidad que representa de forma notable la esencia del país. Se encuentra alrededor de un lago como muchas otras y posee una elegancia inconfundible. Llama la atención el esmero en el ornato, es sencillamente admirable. Las mayores atracciones de Lucerna son sin duda el Puente de la Capilla, construido en madera y que exhibe una gran cantidad de pinturas referidas a su historia; el antiguo edificio de la Municipalidad y la casa Zur Gilgen, de bellísimo estilo gótico; además de los museos. No obstante, hay algo que tiene una connotación muy emotiva en esa ciudad, se trata del león moribundo, esculpido en un muro rocoso en homenaje a soldados suizos muertos en París.

Uno de esos días recibimos la invitación de unos queridos amigos de Kurt y fuimos a visitarlos. Un matrimonio muy encantador, habían preparado un almuerzo especial para recibirnos, pasamos a la mesa y cual no sería mi sorpresa cuando lo primero que veo enfrente de mi, era un hermoso plato con un trozo de melón y varios cortes de jamón muy lindo decorado. Kurt y yo sonreímos y les explicamos a sus amigos mi impresión por ese plato en Winterthur. Por supuesto me serví todo, pero el jamón primero y dejé el melón como postre, después del delicioso fondue.

Fuimos invitados por otros dos matrimonios amigos de Kurt y también la comida fue deliciosa, al parecer las mujeres suizas son extraordinarias en la cocina. Los momentos que compartí con los amigos de Kurt fueron divinos, todos ellos son bellísimas personas.

Las diferencias en nuestras culturas se veían allá más bien en mi actitud hacia Kurt. Las mujeres de su familia no comprendían porque yo estaba siempre con él y lo atendía en todo momento, me di cuenta que los hombres generalmente se atienden solos, salvo en los horarios comunes de desayuno, almuerzo o cena. Mi marido tampoco estaba acostumbrado a tener una mujer pendiente de sus más mínimos deseos, pero en mi país al menos las mujeres de mi generación y las antiguas generaciones fuimos educadas de esa manera. Por otro lado también les incomodaba que yo fuera demasiado afectuosa con Kurt, para mi era normal. Mi marido aun no se acostumbra a tanta demostración de cariño.

Capítulo V

La Virgen Negra

Los vecinos de Oskar y Katia habían instalado un aserradero a los pies del pequeño cerro cercano, justamente a la orilla del camino por donde yo generalmente transitaba y cada vez que salía me encontraba con ellos trabajando incansablemente. Uno de esos días intentamos conversar un poco, mi alemán no era bueno, sin embargo nos entendimos algo y me recomendaron visitar una iglesia majestuosa en Einsiedeln. Le comenté a Kurt acerca de esto y organizó un viaje para los próximos días.

Einsiedeln, pertenecía al Kanton de Schwyz, Kurt quería mostrarme allí la famosa biblioteca del monasterio benedictino. Oskar se ofreció a llevarnos y Daniel nos acompañó. Salimos temprano, la carretera en excelentes condiciones, ya me parecía normal, el paisaje espectacular lo disfruté mucho, el camino era ascendente con muchas curvas. Llegamos a la ciudad y estacionamos muy cerca de la iglesia. Quedé con la boca abierta cuando la vi, era la Catedral más grande que había visto en mi vida, sencillamente enorme. Es llamada Abadía o Monasterio Benedictino de Einsiedeln.

Una plaza muy amplia con una hermosa glorieta en cuyo centro hay una imagen dorada de la Virgen de la Inmaculada Concepción. En uno de los costados de la plaza hay pequeñas tiendas, una al lado de la otra, ofrecen rosarios, imágenes de santos y todo cuanto pueda ser de devoción para los fieles, muy típico de estos lugares de peregrinación. Una amplia escalinata de adoquines hermosamente dispuestos nos conduce a la entrada. La puerta es descomunal, me sentía completamente insignificante en frente de su grandeza.

La historia cuenta que un monje se retiró a vivir solo cerca de ese lugar en una colina, tuvo muchos visitantes debido a su bondad y por considerársele santo, entonces buscando paz se internó en el bosque, encontró en tal ocasión una fuente y en aquel tiempo se construyó en el lugar una capilla, se dice que fue el primer habitante allí, un eremita, lo que en alemán es "ein Einsiedler", de ahí el nombre de la ciudad. Su emblema tiene también de protagonista al monje, se dice que los cuervos que decoran el escudo fueron criados por él y en una ocasión le advirtieron, con sus graznidos, que iba a ser atacado de muerte. Los cuervos persiguieron a los maleantes y así ganaron su lugar en el emblema.

Me impactó la opulencia en la decoración interior de la Abadía, es tan fastuosa que deja sin aliento, hay un contraste muy fuerte entre el exterior, impresionante por su tamaño, pero simple en su arquitectura, en comparación con la suntuosidad del interior. Había muchos peregrinos ese día y turistas, el ambiente era muy solemne y de mucha reverencia. Los turistas deben avisar con anticipación si desean recorrer el interior del monasterio, de lo contrario sólo podrán disfrutar de la magnificencia de la iglesia. Hay visitas guiadas, normalmente conducidas por un miembro del Monasterio quien da a conocer la historia del lugar y conduce al grupo a los sectores de más interés.

Relatar todo lo que vi sería interminable, pero quiero referirme a la imagen de la Virgen. La belleza y riqueza de sus vestiduras es incomparable, la expresión de su rostro pareciera ser de tristeza, lleva al niño en sus brazos, también ricamente ataviado. Las coronas que portan ambos están llenas de piedras preciosas y tienen una cruz en lo alto. Nunca había visto una virgen negra, ni siquiera sabía que existía, a pesar que en mi país se estudia Historia Universal en su más amplio detalle, nunca escuché mencionar la Iglesia de Einsiedeln con su impresionante virgen negra vestida ricamente al más puro estilo barroco.

Es cierto lo que digo respecto a la cantidad de información que recibimos en nuestras escuelas, la Historia Universal es una materia que al menos en mi época escolar se estudiaba extensamente. Si preguntábamos por qué debíamos estudiar "Las Guerras Púnicas" por ejemplo, la respuesta siempre era la misma—Cultura general—y así reunimos una gran cantidad de información que tal vez nunca usemos, pero que podría ser útil el día en que tengamos la oportunidad de viajar, especialmente si vamos a Europa y allí nos encontremos con la Historia enfrente de nuestra nariz y puedo decir que es muy impresionante.

Ya íbamos caminando por unos corredores que conducen a una estrecha escala que lleva a los pisos superiores, luego más pasadizos, vuelta y ahora sí llegamos al corredor que va a la biblioteca. Se ve el patio desde esta galería y es muy espacioso, queremos ver también los establos y los caballos que hay abajo en el ala derecha del edificio.

Entramos a la biblioteca, una pieza rectangular de gran tamaño; hay bastantes personas recorriendo el lugar, miramos primero al centro donde se encuentran documentos antiquísimos protegidos en cajas de vidrio, la mayoría está en idiomas totalmente desconocidos para mí. Hay estanterías obviamente llenas de libros por todo el contorno de la habitación, encontramos una Biblia que parecía haber sido escrita por el propio Dios, un prodigio. Colecciones de libros de Derecho Romano, todavía no podía creer que allí estaba yo, admirando esas maravillas.

Bajamos en silencio, cada uno envuelto en sus propios pensamientos. Una vez abajo recordamos a los caballos y nos dirigimos al sector de las caballerizas. Daniel y yo disfrutamos mucho tiempo allí, compartíamos el amor por los caballos y verlos tan bien cuidados nos produjo gran alegría. Los acariciamos largamente y recorrimos los establos juntos haciendo comentarios respecto a nuestros favoritos.

Durante mi vida, me ha impactado ver el maltrato a que son sometidos estos hermosos animales, me he detenido en la calle de algún pueblo, frente a un carro tirado por un caballo, he mirado al animal a los ojos y he llorado como niña pequeña, desconsolada. Estoy consciente que la mantención de los caballos es alta, como no se trata sólo de la alimentación, también debemos cuidar su pelaje, prestarle atención médica y conservar el establo limpio y en buenas condiciones; pero el resultado es óptimo ya que el afecto, lealtad y servicio que recibimos a cambio compensa todo el sacrificio. Por otro lado, tengo entendido que las terapias realizadas con estos magníficos animales son muy efectivas.

El aire campestre nos abrió el apetito, así es que decidimos buscar un restaurante donde almorzar, recorriendo las calles de adoquines encontramos uno muy lindo y comimos una especialidad suiza que me encantó "Rösti", simplemente delicioso, pregunté acerca de ese plato y anoté en una libreta los detalles para poder prepararlo en casa. Sabía que sería una linda sorpresa, si era capaz de lograrlo y ningún esfuerzo estaba de más si se trataba de complacer el experto paladar de mi marido.

Dimos un paseo antes de abandonar la ciudad, Kurt quería caminar un poco y yo quería conocer más. Nos tomamos de la mano y vagamos por las calles sin rumbo fijo, apreciando la belleza de los edificios, los hermosos murales y las encantadoras fuentes, así llegó el momento de partir, nos dirigimos al lugar donde estacionamos el auto e iniciamos el viaje de regreso.

En el trayecto conversamos acerca de nuestros planes siguientes. Habíamos considerado la idea de ir a Interlaken a conocer el Mystery Park pero antes teníamos reservaciones para viajar a Venecia y a París. Evitábamos hablar del viaje de regreso de Daniel, ninguno de nosotros estaba preparado para decir adiós y creo que él tampoco.

No obstante el día llegó y un gran dolor nos envolvió a todos, Kurt se veía muy abatido, el pequeño Daniel se abrazaba a él con ojos llorosos, yo no podía calmar mi pena y lloraba desconsolada. El momento en que nuestro precioso niño tuvo que cruzar el andén para abordar el avión fue desgarrador, Kurt quedó destrozado. Se cuanto lo ama, lo he visto mirar su fotografía cada día del año, desde el primer día que lo conocí. Tengo fe que algún día estaremos todos juntos, deseo con todo mi corazón que Kurt pueda compartir con su hijo nuevamente y que nadie evite que eso suceda.

Capítulo VI

Tres Arcos

Viajamos a Venecia en tren desde Zurich. Fue fantástico haber hecho las reservaciones de hotel en la estación de trenes de Hinwil, me pareció excelente el servicio que ofrecen para mantener todo bajo control y poder disfrutar de la estadía en el lugar que se desee, sabiendo que todo ocurrirá como está planeado. Me fascinaba viajar en tren, especialmente en los trenes de Europa, espectaculares y siempre a tiempo.

La travesía fue muy agradable, me entretuve mirando el bello paisaje y tratando de recordar los nombres de cada ciudad o pueblo por el que pasábamos. La arquitectura de las casas iba cambiando conforme nos acercábamos al límite fronterizo. Cuando el tren se detuvo en la frontera con Italia, ya teníamos los pasaportes en nuestras manos para ser revisados por la guardia italiana. Todo fue muy sencillo, un timbre y ya, no hubo revisión de equipajes ni efectos personales. El viaje continuó y pronto llegamos a Venecia, la estación muy pintoresca y ya se notaba el ambiente latino, la gente muy sonriente, hablando en voz alta y mucha algarabía.

Salimos al exterior y me encantó ver una gran cantidad de puestos a orillas de la calle ofreciendo artesanía y cosas propias de la región, como el famoso aceite de oliva y la grapa. Tomamos una calle que bajaba hacia un sector lleno de tiendas. Después de atravesar un puente seguimos por la orilla derecha de uno de los típicos canales que rodean la ciudad, al ver el puente Tres Arcos supimos que ya estábamos cerca del hotel donde nos hospedaríamos por varios días.

El hotel era encantador, nos dieron la bienvenida en italiano y luego un botones nos condujo a nuestra pieza, la decoración allí era de estilo y parecía que nos habíamos transportado a siglos anteriores, todo era muy bello y romántico. Nos asomamos a la ventana del cuarto y vimos como las lanchas recorrían el canal, había mucho movimiento. La temporada alta estaba empezando y lo pudimos comprobar fehacientemente por la cantidad enorme de turistas, que como nosotros visitaban la antigua ciudad.

Después de descansar un rato salimos a recorrer las calles cercanas, no queríamos alejarnos mucho, ya que estaba oscureciendo y apartarnos demasiado por esas estrechas calles que más semejaban un laberinto, a mí me parecía imprudente. Se notaba el ambiente de vacaciones que reinaba en el lugar, todo el mundo se veía feliz y despreocupado, nosotros también lo estábamos y disfrutamos cada cosa que veíamos con mucho entusiasmo. Kurt había estado en Venecia más de una vez, por lo que sería mi guía al día siguiente.

Por supuesto visitamos la plaza de San Marcos y la Iglesia del mismo nombre, lamentablemente estaba llena de andamios, de todas maneras tomamos muchas fotografías y apreciamos su belleza exterior. Paseamos por las galerías que están al costado, me sorprendió la cantidad de joyerías que había allí. Un restaurante en la esquina con mesitas al aire libre, nos sirvió para descansar un rato. Realmente no era novedad en Europa, eso de las mesitas en el exterior, fue lo que más vi en mi viaje, casi todos los restaurantes las tienen y es tan encantador disfrutar de un café u otro tipo de bebida o refrigerio con la posibilidad además de recrear la vista.

Había varios grupos de turistas de diferentes países, sin embargo los grupos chinos y japoneses eran los más numerosos. Era entretenido ver como su guía llevaba un gran quitasol que agitaba muy alto para que ningún miembro del grupo se perdiera. Siempre nos encontrábamos con ellos, normalmente todo el mundo visita los mismos lugares.

Ahora estábamos frente al Puente de los Suspiros, la historia es muy fuerte y es imposible abstraerse a ella. Kurt no quería verme triste, precisamente por eso me sacó de allí rápidamente y partimos a visitar las tiendas de máscaras. Aun no se como Kurt se ubicaba en ese laberinto, recorrimos muchas calles, muy estrechas, en la mayoría de ellas había bastante comercio, compramos regalos para la familia y objetos para llevar a nuestro hogar, nos tomamos fotos con grupos que representaban los más típicos personajes del carnaval y luego volvimos al hotel exhaustos pero felices y más enamorados que nunca.

Subimos a nuestra habitación, tomamos una ducha y bajamos a cenar. No había tanta gente como en el desayuno. La cena estaba exquisita, comentamos nuestras experiencias del día y planeamos visitar las iglesias al día siguiente, no se trataba de religiosidad extrema, sino más bien cultura. Normalmente las iglesias reflejan muy bien la historia, guardan reliquias de valores incalculables, son prácticamente museos que se pueden visitar sin la necesidad de pagar un ticket y el ambiente ceremonioso que hay dentro de ellas es ideal para apreciar con tranquilidad sus tesoros.

Como habíamos planeado, salimos temprano a visitar las iglesias de Venecia y como son muy numerosas, decidimos ir primero a las que estaban más cerca de los lugares que habitualmente recorríamos. Muchas construcciones estaban en proceso de reparación, la ciudad entera tenía andamios por todos lados, era sorprendente el esfuerzo que se hacía por mantener en pie su herencia. Es cierto que Venecia es esencialmente un destino turístico, pero también es un portentoso patrimonio cultural. Visitamos varias iglesias y nos deslumbró la magnificencia de su arquitectura y la suntuosidad de los elementos que ostentaban, ya no se trataba de riqueza, era más que eso; era el legado esplendoroso de una época de gran poderío.

En una de las iglesias de nuestro recorrido, la más antigua de la ciudad, nos invitaron a asistir a un concierto que se realizaría al día siguiente al atardecer, Kurt compró los boletos inmediatamente al ver que se ejecutarían piezas de sus músicos favoritos, Vivaldi y Mozart y yo estaba feliz porque además aparecía el nombre Strauss en el detalle interior. Las iglesias en Venecia cierran sus puertas más temprano que en el resto de Europa, pienso que es debido a las reparaciones a que están sometidas, en todo caso el evento se realizaría después del horario normal de cierre, estaba programado para las ocho cuarenta y cinco de la noche.

Agotados al final de la tarde, fuimos a comer a uno de los restaurantes al costado del Puente Rialto, todo estaba delicioso y luego compramos helados casi justo al frente de la subida al puente, los helados más exquisitos de mi vida. Subimos y nos detuvimos arriba apoyados en las barandas mirando pasar las lanchas llenas de luces, terminamos nuestros helados y regresamos caminando al hotel lentamente y prometiendo descansar el próximo día.

No fue así, ya que cuando sentimos las primeras lanchas trayendo las verduras frescas, sentimos deseos de aprovechar el día al máximo. Estaba agradecida de mis zapatos bajos, Kurt me había comprado tres pares antes de viajar a Suiza, yo tenía una gran cantidad de zapatos, pero ninguno de ellos era plano; ahora estos tres nuevos eran mi salvación. En los cuatro meses que estuvimos en Europa, dos de mis queridos pares de zapatos se fueron a retiro después de prestar un gran servicio. Les hago este pequeño homenaje porque fueron fieles y amables compañeros.

Las islas de Murano y Burano son otra atracción más en Venecia, los objetos de cristal en la primera y los impresionantes encajes en la segunda son imperdibles, pero no fuimos, ni a una, ni a otra. El tiempo pasa raudo cuando se está de viaje, debimos conformarnos con conocer los productos de las islas en el comercio cercano a nuestro hotel. Como última actividad en Venecia, antes del concierto, decidimos recorrer en lancha el Canal Grande y conocer desde lejos las demás atracciones.

Fuimos a ver las góndolas y diferentes empresas de gondoleros con sus típicos trajes tan atractivos. Pasear en góndola románticamente y con un gondolero cantando en italiano, muy lindo, presenciamos eso y tomamos muchas fotos, pese a ser una tradición de todo viajero, solicité a Kurt no contratar el servicio, ya habíamos gastado demasiado dinero en Venecia. De todos modos disfruté mucho mirándolos realizar su trabajo y sinceramente espero que muchos turistas hagan el paseo, ya que estas encantadoras personas tiene un entrenamiento bastante largo, no es fácil obtener licencia de gondolero en Venecia, ellos deben pasar arduos exámenes, entonces la mejor forma de apoyarlos es pasear en sus hermosas góndolas.

Cenamos sin prisa, ya estábamos vestidos para el concierto que se iniciaría en una hora más, nos hallábamos cerca de la Iglesia de San Giacometo, donde se efectuaría el evento. No había apuro, puesto que caminando a paso regular, llegaríamos al lugar en quince minutos y así fue. Pocas personas se encontraban en el edificio, entramos y logramos una ubicación privilegiada. Rápidamente se llenó de gente y a la hora citada se inició el concierto. Lloré en silencio, emocionada por la extraordinaria interpretación de cada pieza.

El ambiente era muy solemne y la ejecución magnífica, disfrutamos cada segundo del programa. Los participantes debieron saludar muchas veces, ya que no dejábamos de aplaudir. Creo no equivocarme al decir que ninguno de los presentes deseaba que el acto terminara, cuando eso sucedió, nadie se movió de sus asientos, todos permanecimos en silencio por varios minutos hasta que el encargado de la iglesia comenzó a ordenar el mobiliario. Fue una experiencia sensacional para mí, había asistido a la ópera y preciosos ballets en mi país, pero esto superaba todo lo que había presenciado antes, debido obviamente al ambiente mágico en que me encontraba.

Capítulo VII

La Vie en Rose

Continuaba nuestro maravilloso viaje por Europa, ahora estábamos en el tren que nos llevaría a París. Decir que estaba feliz no describe ni siquiera la milésima parte de lo que sentía en esos momentos. París, era demasiado para mi, si no entienden lo que digo, deben preguntar a un latino lo que significa tener la oportunidad de conocer una ciudad como esa. La cuna del amor, como generalmente la llaman por el romanticismo que flota en el aire.

El tren se detuvo pocas veces y al pasar la frontera solicité me timbraran el pasaporte ya que sólo lo revisaron y deseaba tener muchos timbres en él. Almorzamos calmadamente y dormitamos algunos minutos antes de llegar a nuestro destino. Cuando el tren se detuvo en la Gare Lyon yo me sentía casi suspendida en el aire, de tanta felicidad. La estación estaba atestada de gente y a pesar de ser renuente a las multitudes, me sentía encantada de caminar entre todas esas personas. Buscamos la salida y Kurt llamó un taxi para trasladarnos al hotel donde teníamos las reservaciones. Nuestro interés era visitar la Iglesia del Sagrado Corazón y sus alrededores como primera opción, por lo tanto habíamos reservado un hotel cercano al lugar.

Una vez instalados en nuestro hotel organizamos nuestros paseos para los días siguientes, luego cenamos y salimos a recorrer París de noche. Bella es una palabra demasiado simple para referirse a esta ciudad. Un amplio vocabulario no compensará jamás lo que los ojos pueden apreciar. Hay que estar ahí, todo lo que diga no reflejará ni siquiera en un mínimo porcentaje lo que presencié en esa capital. Esa noche me dormí pensando en lo afortunada que era y di gracias a Dios.

Despertamos temprano con el bullicio de la calle, nos preparamos para un día de gran agitación. Después del desayuno, nos dirigimos a Sacré Coeur, subimos las escaleras que conducen al barrio de Montmartre. Encontramos numerosos cafés en el camino, con mesas en el exterior, bastante comercio y la plaza donde se ubican muchos pintores a realizar su trabajo al aire libre, la famosa Place du Tertre. Admiramos las pinturas y nos detuvimos un momento ya que Kurt deseaba mostrarme un lugar muy querido y de hermosos recuerdos para él. Se trataba de un restaurante muy antiguo, al frente de la plaza, "La Mère Catherine". Decidimos visitar la iglesia y luego volver a almorzar en ese fantástico lugar.

Al llegar a la basílica nos detuvimos a apreciar la fabulosa vista que desde ahí teníamos. En las escaleras que conducen a la entrada había gran cantidad de gente, tomando fotografías o simplemente sentada disfrutando del maravilloso espectáculo a sus pies. La iglesia está situada en una colina, la colina de Montmartre y domina gran parte de la ciudad. El panorama es realmente impresionante. Había una pareja de extranjeros recién casados, posando para su álbum de bodas. Imagino lo mucho que desearían haberse casado verdaderamente en esa majestuosa iglesia, una gran idea esas lindas fotos.

La información que se obtiene de la basílica se refiere a su construcción, fines del siglo diecinueve, realizada con una piedra muy especial que reacciona al agua de lluvia, escurriendo una sustancia blanca, lo que mantiene el monumento con su color blanco tradicional. Las cúpulas tienen un estilo hindú que las hacen muy similares al gran monumento mortuorio de la India, el Taj Mahal. Sobre los arcos de la entrada están las estatuas de Juana de Arco y el rey Luis IX, el Rey Santo, personajes muy significativos para los franceses. La campana de esta iglesia es la más grande del mundo, pesa diecinueve toneladas y es llamada Savoyarde. En el interior, el mosaico sobre el altar es asombroso. Los vitrales de las ventanas, donde se encuentran los órganos son bellísimos y en general todo lo que se aprecia allí es de gran hermosura.

Montmartre es fenomenal respecto a la diversidad de elementos que se pueden encontrar allí. La majestuosidad de la basílica en lo alto, en el centro la Place du Tertre con gran actividad comercial y artística, y a sus pies, la farándula representada por uno de los cabarets más famosos del mundo, El Moulin Rouge, sitio de encuentro de la bohemia parisina.

Como habíamos planeado, fuimos al restaurante favorito de Kurt en Paris y disfrutamos de un delicioso almuerzo al aire libre, después entramos a ver el antiguo bar y esas viejas paredes con hermosos cuadros además de las particulares lámparas. La sopa de cebolla a la francesa es uno de los platos más recomendados allí. El lugar en sí es muy especial por ser considerado lugar histórico, ya que fue fundado en 1793. Permanecimos hasta muy tarde en ese vecindario, Kurt no quería abandonar el lugar antes que pudiera contemplar, desde la cumbre, la ciudad llena de luces y sobretodo la Torre Eiffel. Fue magnífico, el panorama era espléndido. Yo miraba todo fascinada, sin embargo lo que me cautivó fue al girar la vista hacia la derecha y ver la torre completamente iluminada, es algo realmente digno de admirar.

A pesar de lo avanzado de la hora, había mucha gente disfrutando de la magia de París. Mucha juventud en las escaleras de la iglesia, algunos cantaban guitarra en mano, otros simplemente conversaban. Nos sentamos unos momentos entre la multitud y dejamos volar nuestros pensamientos en silencio. Llegó el instante de partir, bajamos lentamente y caminamos hacia el hotel, muy fácil recordar su nombre, Roma Sacré Coeur, su ubicación privilegiada y lo amable de su personal nos encantó.

La noche estaba muy calurosa, dormimos muy poco. Al levantarnos iniciamos el programa que habíamos planeado el día anterior. Tomamos el metro, la estación se encontraba a pasos del hotel, y nos fuimos a visitar la Iglesia de Notre Dame, al llegar al parque nos detuvimos unos minutos para apreciar la belleza de la construcción desde el exterior, sus magníficas torres superpuestas y también los hermosos rosetones, el central y los de los costados que son aun más grandes que el primero. Es una edificación de grandes proporciones, su base es una cruz de tipo latino y hay innumerables capillas en su interior. De los tres portales de ingreso, el central se denomina Portal del Juicio Final y los de los costados, uno es en honor a la Virgen María y el otro a su madre, Santa Ana. Al entrar se aprecia el esplendor de esta magnífica obra. Llama la atención que sin ser tan ostentosa en comparación con otras iglesias de su magnitud, es absolutamente grandiosa. Pasamos largo tiempo admirando todo a nuestro alrededor. Al igual que la Iglesia de San Pedro en Zurich, en sus primeros tiempos hubo en este lugar un templo dedicado a Júpiter y posteriormente otra iglesia romana.

Al abandonar Notre Dame, nos fuimos a la Santa Capilla, una pequeña iglesia de estilo gótico, de una hermosura espectacular, quedé asombrada con sus ventanales alargados cubiertos completamente por maravillosos vitrales. Nos retiramos de la iglesia y decidimos pasear bajo los puentes del Sena. Había demasiados lugares y monumentos famosos para visitar, por este motivo preferimos tomar un descanso y nos sentamos a ver pasar los barquitos que recorren el río, hasta darnos valor para continuar nuestro viaje turístico. Cuando nos sentimos más animados nos dirigimos al Louvre. Compramos nuestros tickets en 8,50 euros cada uno y entramos por la pirámide de cristal, debo admitir que para mi gusto, esas pirámides contrastan negativamente con la arquitectura del lugar, me pareció una mezcla grotesca.

El Museo del Louvre fue otrora un castillo y transformado en palacio de los reyes de Francia fue abandonado cuando estos últimos se instalaron en Versalles. Existen varios sectores que guardan las colecciones al interior del museo. Pinturas, esculturas, antigüedades, etc. Visitamos las pinturas primero, tengo pasión por los impresionistas; luego recorrimos los salones de pintores españoles e italianos del renacimiento. Por supuesto admiramos La Gioconda de da Vinci. El cuadro está un poco a la izquierda del salón y al entrar se sabe inmediatamente su ubicación por la cantidad de gente aglomerada ante él. Me pareció tan pequeña, tenía la percepción que era una pintura de gran tamaño, pero no es así.

Me habría gustado admirar una de mis pinturas favoritas, El Nacimiento de Venus, de Botticelli, pero no está en el Louvre, supe que es parte de la Galería de los Uffizi. Conocí la obra del pintor suizo Albert Anker y quedé maravillada, especialmente el cuadro del niño durmiendo sobre el heno. Me gustan asimismo mucho las pinturas de los clásicos españoles por su realismo, pero la mayoría de sus pinturas están en el Museo El Prado. Me gustaría ver expuestas en El Prado las pinturas de Claudio Bravo, especialmente "Montura de Caballo Chilena", su estilo hiperrealista provoca inmensa admiración.

Pasamos a unos salones donde se exhibe una inmensa variedad de magníficas joyas, las coronas de los reyes de Francia entre ellas y otras piezas de orfebrería. Admiramos la cristalería, porcelanas y una vasta colección de cajitas decoradas, cientos de ellas, cada cual más hermosa.

Las esculturas son sorprendentes. Generalmente tenemos una idea de las esculturas más famosas, no obstante verlas ante nuestros ojos en todo su esplendor es algo indescriptible. Igualmente llamó mucho mi atención la gran cantidad de antigüedades egipcias. Siempre ha sido mi fascinación la historia de Egipto, pasión que transmití a mis dos hijos, por ello a pesar de lo poco ortodoxo del acto, me tomé una foto junto a una estatua de Tutankamón. Kurt fotografió además la pintura La coronación de Napoleón, de David, puesto que estaban transmitiendo una serie de la vida de Napoleón en la televisión de mi país en esos días.

Salimos del museo algo tarde y ya bastante cansados, un buen café era lo más apetecido a esa hora, buscamos un restaurante y disfrutamos de un exquisito café y deliciosos croissants. Para regresar al hotel preferimos tomar el autobús, revisamos el letrero en una parada y vimos que el de la ruta color café y número 95 nos dejaría muy cerca de nuestro hospedaje. Durante el viaje al hotel aproveché de observar lo más posible, sabía que podrían pasar muchos años antes de volver a esa ciudad y tal vez nunca lo hiciera.

Esa noche dormimos como ángeles y la mañana próxima ya teníamos organizado nuestro tour del día, por lo que partimos entusiasmados a los Campos Elíseos. Me parecía impresionante recorrer todos los lugares que tuve que estudiar en el colegio.

El idioma francés, en mi país, era muy importante en mi época escolar, eran seis años de estudio y los tres últimos dedicados totalmente al conocimiento de la historia de Francia, sus monumentos y la biografía de cada uno de los grandes personajes de la nación. En el último año de francés, ya la mayoría de la clase dominábamos el idioma y todo el crédito era de la profesora. He comentado esto en varias ocasiones y todos mis compatriotas coinciden en el alto nivel que tienen las profesoras de francés de las universidades de mi tierra. Mi profesora, Mademoiselle O., además de elegante, refinada y hermosa, era muy encantadora, sus clases eran un deleite para la mayor parte de mi curso y obviamente para mi, por eso lo significativo de estar allí, era casi un homenaje a todo su esfuerzo en transmitirnos la cultura de un país tan amado para ella. Me encantaría tener la oportunidad de verla, lamentablemente no he sabido nada acerca de ella desde hace muchos años.

Recorrimos todos los lugares famosos e históricos que encierra la Gran Avenida de los Campos Elíseos, desde la Plaza de la Concordia donde se encuentra el Obelisco, hasta el Arco de Triunfo. El Pequeño Palacio, el Gran Palacio y el maravilloso Puente Alexander III con sus fabulosos candelabros y guirnaldas, su decoración dorada que parece recién pulida. Hay mucho comercio en esta avenida, restaurantes, cines, hoteles, además grandes empresas tienen allí sus oficinas, también se encuentra en esta vía el famoso Lido de París.

La Torre Eiffel es un mundo aparte, por su arquitectura y dimensiones, está situada en un parque colindante con el Campo de Marte. Es asombroso saber que Gustavo Eiffel ofreció el proyecto de construir la torre primero en Barcelona y fue rechazado por los españoles, interesante anécdota. La mejor manera de visitar la gran torre es como me sucedió a mí, caminando sin saber hacia donde nos dirigíamos, ya que Kurt no me indicó en ningún momento que íbamos hacia ella y de pronto me encontré a metros de sus imponentes bases. Es tan enorme que da la impresión que no tiene fin cuando se observa desde el centro de la base hacia arriba. Para subir es preferible comprar previamente los tickets por Internet, cuando se trata de períodos de alta concurrencia, si no es el caso sencillamente se compran en el lugar.

Subimos primero por unas escaleras y luego el ascensor. Hay unos descansos donde se pueden comprar souvenirs. Ascensor nuevamente, en uno de los últimos pisos hay miradores y pantallas con todo detalle para reconocer los edificios que se tienen enfrente. En el último piso, que está enrejado para evitar accidentes, se encuentran las banderas de gran cantidad de países y la distancia en kilómetros que los separa del lugar. Sin duda la mayor parte de los visitantes se sacan fotos indicando la bandera de sus países de origen y nosotros no fuimos la excepción. La diferencia de distancia entre nuestros países era descomunal. Mientras Kurt leía cuatrocientos y tantos Kms. yo tenía más de diez mil.

Capítulo VIII

Schaffhausen

Deseaba tanto conocer el lugar donde Kurt había nacido, la casa donde vivió sus primeros años y todos aquellos lugares que eran tan significativos para él. Esta vez nuestro viaje fue en auto y muy temprano, Oskar conducía, Kurt iba adelante a su lado, era conmovedor ver a los dos hermanos haciendo recuerdos de su niñez. En el asiento de atrás yo disfrutaba del espacio y confort del auto, asimismo del paisaje que me rodeaba.

Nos dirigíamos hacia el norte, muy cerca de la frontera con Alemania, el camino de profusas curvas subía rodeando hermosos campos y pequeños villorrios, al aproximarnos a nuestro destino, quedé asombrada al ver una gran extensión de viñedos, no imaginaba que se cultivaran tan al norte, por la dureza del clima. Llegamos a Schaffhausen y fue otro encuentro con la historia, algunos edificios ostentaban grandes murales exteriores de indescriptible hermosura, había esculturas y preciosas fuentes, calles de adoquines y casas burguesas con lindos balcones de maravilloso estilo arquitectónico,

81

las ventanas de la mayoría de las casas y edificios tenían los típicos postigos decorados de belleza sin igual.

Sin duda el tesoro de la ciudad es un monumento muy especial, una torre circular formidable, una fortaleza, el Munot. Hay una campana en lo alto de la torre, le llaman "Munotglöcklein" y la canción con ese nombre está referida precisamente a la campana de ese baluarte. Según la tradición, a las nueve de la noche, la guardia del fuerte toca la campana. En el pasado era la indicación para cerrar las puertas de bares y de la ciudad. No lejos de Schaffhausen hay una pequeña villa que data de la Edad Media, muy pintoresca y atractiva por sus preciosos murales y la conservación de la misma, se trata de Stein am Rhein, una joya más del inmenso tesoro del país.

Después de visitar el Munot, Oskar nos llevó por varios pueblitos hasta llegar a Gächlingen, cuna de la familia. Primero visitamos la casa donde nacieron y un mundo de emociones envolvió a los dos hermanos. Observaron en silencio cada detalle.

Como cada cosa en Suiza, todo se veía muy bien cuidado. Había una fuente enfrente de la casa, nos detuvimos ahí para sacar fotos. Las fuentes son parte integral de todas las ciudades suizas y le dan un aire alegre y fresco al ambiente, incluso considerando que la mayoría de ellas son bastante antiguas, pero sin duda de una belleza encantadora.

Caminamos sin alejarnos mucho de allí, había algo muy interesante en los alrededores, un sitio eriazo colindante con las paredes de unas bodegas llenas de leña meticulosamente cortada y almacenada. De acuerdo con las explicaciones de Kurt ese constituía su reino, allí jugó de niño con sus amigos y hermanos, allí vivió grandes aventuras. Podía imaginar fácilmente un grupo de niños corriendo y saltando por esos patios con las vestimentas típicas de aquellos años, pantalones cortos, calcetines de rombos y suspensores. A propósito de niños, no podíamos perdernos la oportunidad de visitar la escuela, otro momento muy emotivo, muchos recuerdos y anécdotas. Tomé muchas fotografías para tratar de captar el efecto que les provocaba cada lugar que recorrimos.

Almorzamos en un restaurante muy bonito. Recuerdo que ordenamos spaghettis y en mi vida había visto un plato más grande de pasta enfrente de mí. Delicioso y aunque no pude servirme todo, siempre estará en mi memoria. Un café y nuevamente a caminar por las preciosas calles de Gächlingen.

Llegamos hasta la iglesia, entramos en silencio, me dediqué a observar todo mientras Kurt conversaba con el párroco. El estilo interior era muy particular, bastante sencillo. En un costado, al lado del altar, había una gran cruz rústicamente construida en madera, sólo la cruz como en todas las iglesias protestantes que había visto, ninguna de ellas lucía el cuerpo de cristo crucificado como en las iglesias católicas y eso me alegró, porque es tremendamente doloroso ver su calvario. Más tarde tomé fotos de Kurt al lado de esa inmensa cruz. Al retirarnos de la iglesia me daba la sensación de decir adiós para siempre y eso me estremecía, porque yo deseaba con todo mi corazón volver y orar allí por nosotros y por toda la humanidad que desea la paz desesperadamente, para que todos juntos encontremos el camino de la verdad, del amor, de la felicidad.

Subimos al auto y Oskar nos llevó a ver las cataratas del Rhin, un escenario espectacular, rodeado de gran vegetación. Cuenta con rutas para bicicletas y peatones. Subiendo por el camino circundante se aprecia un antiguo molino de agua de gran tamaño. Otra atracción la constituyen unos barquitos que llevan tripulación hacía las cataratas y hacen un alto en una especie de isla justo al medio de las dos enormes caídas de agua. Un castillo en un costado le otorga un aspecto muy señorial a toda la zona.

Kurt nació en Gächlingen, Kanton de Schaffhausen y cada vez que habla del lugar, sus ojos brillaban de orgullo y emoción. Si el alcalde de la ciudad supiera cuanto Kurt ha dado a conocer el lugar, tal vez lo nombraría hijo ilustre. De hecho ya vivimos un poco más de cinco años en mi país y todas las personas que se han relacionado con nosotros, sean familiares, amigos o personas que Kurt ha contactado debido a trámites administrativos, vida social u otros motivos, todas ellas lo han oído hablar de Schaffhausen, la mayoría incluso ya reconoce el escudo negro y amarillo. El mismo escudo que un día formé en carta pesta y Felipe dibujó y pintó con gran afecto para su Dad.

Mis hijos tienen una excelente relación con su padre verdadero y él los adora, no obstante Kurt también ha ganado sus corazones y ellos son muy felices al decir que cuentan con dos padres que los aman mucho. Por otro lado, también gozan de dos madres que se desviven por ellos. La pareja de mi ex marido es una mujer sensacional, muy inteligente, excelente profesional y con un alma de exquisita sensibilidad. Sólo nos falta el bebé, me refiero a nuestro amado Daniel, el hijo menor, que esperamos algún día tener más cerca.

Volviendo a casa, nos detuvimos unos minutos en el camino, bajamos del auto y como el día aun estaba soleado, nos sentamos a recrear la vista con el hermoso paisaje suizo, montañas maravillosamente verdes, casas a lo lejos y la infaltable iglesia en el centro de cada pueblo. Tantas sensaciones provocaban en mí esos parajes, tanta fascinación por su historia y sus costumbres que no paraba de hacer preguntas, quería saberlo todo aunque después recordarlo no fuera tan fácil. Pasado el tiempo a menudo confundo algunos nombres y me cuesta a veces ordenar geográficamente, de forma perfecta, los lugares visitados; sin embargo lo que jamás será difícil para mi es reconocer la inmensa admiración que tengo por el pueblo suizo y la belleza de su país.

Capítulo IX

Regalo inesperado

La comunicación con mis hijos era a través de Internet, nos escribíamos constantemente; yo los mantenía informados de lo maravilloso de mi vida en Europa y ellos a su vez me comentaban las novedades ocurridas en sus círculos sociales. Conforme pasaba el tiempo mi hijo iba cambiando su actitud hacia Kurt, se daba cuenta lo feliz que yo me sentía y como había transformado mi vida, eso lo motivaba a interesarse más por conocer detalles de la familia de mi marido y para mi era una gran alegría compartir con él mis impresiones y vivencias.

Una tarde después de escribir a mis hijos, me senté en el living con el resto de la familia que, como de costumbre, a continuación de la cena, disfrutaba de la televisión. Justamente a raíz de mi comunicación con Felipe y María Fernanda, comenté cuan difícil era expresar en palabras lo especial y bello de Suiza, así fue como Katia sugirió a Kurt que invitara a mis hijos a pasear y conocer el país, de ese modo podrían ver por sus propios ojos lo que yo les trataba de exponer. La reacción no se hizo esperar, Kurt consideró la sugerencia una gran idea, Oskar se mostró entusiasmado y yo por mi parte no podía dar crédito a lo que estaba escuchando. Por supuesto que a pesar de lo insólito, me encantaba saber que mis hijos serían bienvenidos allí, sin embargo era demasiada generosidad y me sentía abrumada por el gesto.

En ese momento me di cuenta que cuando los suizos deciden algo, no hay más vueltas que darle. Kurt calculó la diferencia horaria y aun era tiempo de llamar, Katia le pasó el teléfono y de ahí en adelante empezó otro cuento de hadas. María Fernanda recibió el llamado y yo imaginaba su sorpresa. Me parecía un sueño escuchar a Kurt guiando a mi hija para preparar el viaje a Suiza, ella debía además contarle a Felipe lo que estaba sucediendo. Me habría fascinado ver sus rostros en esos momentos, al menos por la cara de felicidad de Kurt podía inferir que al otro lado de la línea había más que entusiasmo, euforia.

Los emails iban y venían, Felipe debía sacar pasaporte, nunca había viajado al extranjero. María Fernanda hizo las reservaciones y cuando estuvo todo confirmado nos avisaron el día y hora de su llegada a Zurich. Como es sabido que no hay plazo que no se cumpla, allí estábamos toda la familia esperando a los viajeros, fue un día espectacular para mí. Había tanta emoción y alegría en el encuentro, nos abrazamos tan felices, ellos se veían radiantes a pesar del largo viaje y nuestra familia suiza les dio una muy calurosa bienvenida, mi agradecimiento hacia Kurt y su familia era ya infinito y lo será siempre. Jamás olvidaré esas caritas de alegría que mostraron mis hijos aquel día.

El tipo latino de Felipe llamaba la atención inmediatamente, por esos días había dejado crecer su cabello, lo que me sorprendió considerablemente, puesto que su estilo había sido siempre mantener el pelo muy corto.

Después de las presentaciones de rigor, besos y abrazos, fuimos conducidos todos a la casa de Katia y Oskar donde estaríamos los cuatro alojados. Yo había pedido a los chicos que trajeran muchos productos típicos de nuestro país para compartir con la familia en Suiza, por lo que cuando llegamos a casa, lo primero que hicieron fue entregar todo lo que traían a los dueños de casa. A pesar que Kurt cooperaba con algún dinero, siempre nos sentíamos en deuda por haber sido recibidos allí, más aun en esos momentos que también mis hijos se hospedaban en la misma casa.

Para María Fernanda no fue problema comunicarse con la familia, ya que su inglés es profesional, en cambio Felipe nunca había intentado hablar el idioma, sólo tenía el aprendizaje que el colegio le había dado. El programa de estudio del inglés en mi país es muy especial, gran cantidad de material pero absolutamente mal estructurado. Los estudiantes aprenden cantidades enormes de gramática y jamás se atreven a hablar. Todo lo que se enseña, casi nunca se practica. Con mucha tristeza he visto hace pocos años atrás, que en un colegio se les entregaba a los jóvenes una hoja escrita en el idioma extranjero, para ser traducida por ellos y a eso le llamaban clase de inglés. En fin, tengo entendido que ahora han mejorado los programas y se le está dando importancia a la práctica del lenguaje al mismo tiempo que su gramática, sería interesante que también se supervisara el aprendizaje.

Poco a poco Felipe fue desempolvando su inglés, tratando de formar frases y con el tiempo su esfuerzo tuvo grandes frutos, ya que cuando dejó Suiza, después de dos meses de estadía, hablaba bastante fluido ese idioma.

Las grandes demostraciones de afecto que recibimos en muchos sentidos me tenían muy impresionada, nosotros valoramos mucho esos gestos y hubo actitudes increíbles, como tener a mis hijos en Europa. O como cuando Oskar supo que Felipe era aficionado a los patines y lo llevó a comprar unos rollers de marca especial muy apreciados por los jóvenes, o las innumerables veces que fuimos atendidos con tanto cariño en casa de la hija de Elke, hermana de Kurt, cuya familia es una maravilla. La propia Elke fue siempre muy adorable y su esposo de igual forma. Toda la familia fue muy acogedora con nosotros.

Durante la estadía de los chicos, Kurt buscó la forma de hacer más entretenidos aun los días que disfrutaban allí y conociendo la afición de Felipe a los deportes, pidió a la familia dos bicicletas para salir con él a recorrer el vecindario. Lo más sorprendente fue la petición que hizo en el colegio donde había estudiado, para usar la espectacular cancha de basketball del lugar. Felipe adora ese deporte y llevaba una pelota para practicarlo allá. Había participado en el equipo del colegio y durante su último año fueron campeones, lo que le valió un hermoso galvano recordatorio. Ahora Kurt lo acompañaba horas mientras lo veía practicar y a veces incluso jugar con grupos de estudiantes que lo invitaban a participar, al parecer el deporte no tiene fronteras ni idiomas.

Cuando estuvo Daniel de visita, Kurt nos hizo subir el cerro de Hinwil, el hermoso Bachtel y por supuesto deseaba que los chicos también pudieran admirar su belleza y especialmente tener la oportunidad de ver la ciudad desde lo alto. Esta vez iríamos en auto, sin embargo Felipe quiso hacerlo en bicicleta. Mi hijo sabía que el Bachtel era un símbolo importante para Kurt, entonces decidió hacer el esfuerzo de llegar hasta la cumbre en la bicicleta y demostrarle lo importante que era para él y fue un tremendo desafío que logró con éxito, para la enorme alegría de todos nosotros, especialmente de ellos dos.

En la casa de Katia normalmente se escuchaba la radio Zurich y nos encantaba oír a los locutores hablar en suizo alemán y las canciones en alemán, pero nuestro asombro fue inmenso cuando empezó a sonar una canción en español y obviamente nosotros tres sabíamos la letra y cantamos felices. Los días que siguieron la canción pegó más y más y era nuestra alegría diaria cantarla todos juntos, era la canción de Juanes, La Camisa Negra, creo que nunca olvidaremos esa canción, gracias Juanes.

María Fernanda tiene una amiga muy querida en Praga y al estar tan cerca fue la ocasión perfecta para visitarla, programaron un fin de semana para juntarse y según lo que mi hija me comentó, fue maravilloso todo lo que vio allá, para ella Praga es una de las ciudades más hermosas del mundo. Al mismo tiempo su amiga la recibió encantada y pudieron charlar muchas horas acerca de infinidad de temas, asimismo de aquel tiempo que pasaron en Inglaterra unos años antes, estudiando una maestría.

La cercanía de Suiza con Italia entusiasmó a los chicos a viajar a Milán, averiguaron horario de trenes en la estación de Hinwil y compraron sus pasajes para partir muy temprano. Regresaron tarde, bastante después de la cena, venían felices y entusiasmados por la experiencia vivida. No conversamos mucho en ese momento ya que era hora de ir a la cama, por lo tanto dijimos buenas noches y dejamos la charla pendiente para el próximo día.

Era como un torrente de información el que estaba recibiendo cuando me contaron de su viaje a Italia, lo que más sonaba en su charla era Il Duomo, la fabulosa catedral de Milán, me daba mucho gusto verlos tan contentos, especialmente Felipe que tenía menos experiencia viajando, ahora ya se estaba convirtiendo en experto.

Otros días viajamos Kurt, los chicos y yo a Francia, Austria, Liechtenstein y Alemania. Fue un viaje precioso, pero extremadamente agotador, eran días de mucho calor y nuestras largas caminatas nos dejaban exhaustos. Naturalmente queríamos conocer todo lo que fuera posible. Yo había viajado con Kurt antes allí, sin embargo cada vez me parecía más y más bello. Estuvimos además en Basel en el punto donde Francia, Suiza y Alemania se unen y fue muy simpático tomar fotos en el lugar, uno en un país y los demás en los otros. Todo lo que vivimos fue fantástico, la subida al castillo en Liechtenstein, el delicioso apfelstrudel en Vaduz y la grandiosa Sacher Torte en Feldkirch; la llamativa plaza de la tortuga en Francia, las preciosas casas de Austria y Alemania; el paisaje en general, una maravilla. Es difícil poder comentar acerca de los preciosos lugares que visitamos, como he mencionado anteriormente, hay que estar ahí, las palabras no son suficientes.

Pasado unos días hicimos nuevamente un viaje todos juntos a Appenzell, Kurt me había llevado allí con anterioridad, ahora mi ferviente deseo era que mis hijos pudieran ver por sí mismos la extraordinaria belleza de una de las ciudades más representativas de los Alpes suizos. Ellos quedaron extasiados al admirar la preciosidad de sus casas, con sus paredes cubiertas por bellas pinturas, sus hermosas calles, los campos con los animales en el valle y una gran variedad de tiendas con diversidad de artículos típicos de la región. Los chicos querían comprar todo, era muy difícil poder elegir entre la infinidad de souvenirs ofrecidos en el comercio, sin duda había que traer a casa una campana suiza, nos habían cautivado con los dibujos que exhiben. Algún día tendré en mi casa un mueble, como el que aparece en el video en homenaje a Ruedi Rymann, Dr Schacher Seppli; entonces pondré muchas campanas suizas para que todo el que me visite pueda admirarlas en toda su magnitud. Respecto a la canción, jamás he visto llorar a Kurt como cuando escucha ese tema o el Munotglöcklein y obviamente yo lloro junto a él con toda mi alma.

Todavía faltaba mucho por conocer, queríamos viajar a Interlaken, los chicos y yo somos entusiastas de los fenómenos enigmáticos y misteriosos ocurridos en el mundo y precisamente en esa ciudad hay un parque diseñado por el conocido escritor e investigador suizo Erich von Däniken, donde se muestran las bases que sustentan su teoría de la visita de extraterrestres al planeta. Entusiasmados por todo lo que habíamos escuchado acerca del lugar, planificamos nuestro viaje para el día siguiente al cumpleaños de Kurt, viajaríamos muy temprano el 27 de Julio y pasaríamos allí todo el día.

Capítulo X

Interlaken

El trayecto hacia la montaña lo hicimos en ferrocarril. Hinwil, Zurich, Interlaken. Pudimos apreciar desde el tren, poco antes de llegar a destino, las fabulosas cumbres suizas, Mönch, Eiger y Jungefrau que son la mayor atracción de la zona, junto con el glaciar Aletsch, que fue declarado Patrimonio Natural de la Humanidad por la Unesco. El nombre de la ciudad se refiere a su ubicación entre dos lagos, el paisaje es fabuloso. Los europeos disfrutan mucho de los deportes de invierno, por lo que en esa estación se llena de turistas. Hay un pueblo tradicionalmente turístico muy hermoso, Grindewald. Hay también otros pueblos en las faldas de la montaña, escenarios de una hermosura sin igual.

Llegamos a Interlaken y conectamos con los buses que se dirigen al parque que nos interesaba visitar, el Mystery Park. Desde lejos ya se distingue una gran esfera, pronto supimos que en ella se almacena gran parte de la obra del gran escritor e investigador Erich von Däniken. El diseño del parque se asienta en siete sectores, dedicados a mostrar cada uno de ellos los misterios que encierran las grandes construcciones encontradas en nuestro planeta, cuya explicación no deja satisfecha aun a la humanidad, tales como las pirámides de Egipto, las pirámides Mayas, Stonehenge, los Vimana en la India, etc.

Cada sector esta conformado por un gran anfiteatro donde se reproducen cintas de las investigaciones y descubrimientos relativos al tema correspondiente al sector en cuestión. Es maravilloso, la cantidad de información verdaderamente interesante, mantiene cautivado al espectador hasta que se prenden las luces y es en ese momento cuando surgen más interrogantes, entonces se puede pasar a otro de los sectores donde se apreciará otro conjunto de cosas insólitas y magníficamente documentadas, que aumentarán el número de inquietudes anteriores y así sucesivamente. Todo esto por un boleto que en esa fecha no superaba los 50 CHF. Felipe pagó boleto de estudiante, es decir la mitad del precio. Además nos entregaron unos equipos tipo personal stereo que se programan para escuchar las charlas en el idioma que se desee y que se entregan al final de la visita.

Los libros escritos por el señor von Däniken son de gran nivel, no se trata de ciencia ficción, ni cosas esotéricas, son producto de una investigación rigurosa y seria, además las teorías expuestas tienen tanto sentido que es difícil permanecer indiferente a información tan coherente.

Incluso llama la atención que la Iglesia Católica ya ha cambiado su postura hacia el tema extraterrestre. He visto en la televisión algunas entrevistas a sacerdotes de alto rango hablando de ángeles de alta tecnología, al escuchar eso recordé lo que vi en Mystery Park y la teoría que sustenta la posibilidad de haber sido visitados por seres no terrícolas, quienes fueron considerados ángeles o dioses en su momento y que en ellos se basa la mitología de muchas culturas antiguas y probablemente las religiones de nuestros días.

También se exhiben en el Mystery Park, numerosas imágenes de los llamados Crop Circles, esos gigantescos dibujos creados en los campos de trigo, los cuales sólo pueden ser apreciados en su totalidad desde el aire. Considero altanería desestimar el tema ya que las cuantiosas imágenes de que se tiene registro, son de características tan descomunales y enigmáticas que difícilmente pasan desapercibidas. Estoy segura que debe ser increíble el asombro provocado en quienes han tenido la posibilidad de observarlas en terreno, me refiero en el lugar mismo.

Todo me sorprendió muchísimo, no podría elegir un tema que me haya causado mayor o menor interés, aunque es muy impactante el escenario en que se exhiben las líneas de Nazca, prefiero no efectuar comentarios al respecto, ya que es algo que se debe experimentar en el lugar y vale la pena absolutamente. Entiendo que el Parque está nuevamente en funcionamiento, desde Mayo de 2009, después de haber sido cerrado a fines de

2006. La noticia de su reapertura nos produjo a toda la familia una inmensa alegría y si tengo la oportunidad de volver a Suiza algún día, no hay duda que ese será uno de mis destinos favoritos.

Capítulo XI

Un nuevo Hogar

Del mismo modo que se inició nuestro viaje, asimismo llegó a su final, casi sin pensar. Como dice la canción, llegó la hora de decir adiós y aunque estoy feliz de volver a mi amada tierra, siento una profunda nostalgia por la partida. El sentimiento de abandonar Suiza debe ser parecido al de Adán y Eva cuando dejaron el Paraíso, sabían que no hallarían nada mejor por el resto de sus vidas.

Vivir en un país subdesarrollado no es tarea fácil para un extranjero. Yo casi no notaba cuantas cosas funcionaban mal aquí, pero como en cada ocasión que algo no marchaba, tenía que dar tantas explicaciones a

Kurt, entonces fui tomando conciencia de lo mucho que teníamos que aprender y de lo lejos que estábamos del desarrollo. ¿Cómo explicar la impuntualidad, la desinformación y la negligencia? Reconocer el absoluto desinterés de las autoridades de ese tiempo, por revertir la situación de delincuencia que imperaba en el país, era duro para mí.

Es cierto que se había hecho un gran esfuerzo en el ámbito social para mejorar el sistema de acceso a salud de los sectores medio y bajo, no obstante habían tantos cabos sueltos, tantas irregularidades, que la mayoría de mi país rogaba por un cambio. Yo, por mi parte, rogué a Dios que si nos había dado un país tan hermoso, también nos diera buenos gobernantes y recibí su respuesta justo el día de mi cumpleaños número 56.

Mi país es precioso y tal vez si tenemos la suerte de continuar teniendo buenos gobernantes podremos lograr avanzar. Hablo de gobernantes como el señor que acaba de asumir la presidencia. El mismo señor que sacrificó su vida personal y éxito empresarial para entregarse totalmente al servicio público. Lo menciono, puesto que en realidad, él no necesitaba hacer eso en absoluto, tenía todo lo que alguien pueda desear en la vida, sin embargo, el amor por su país lo hizo tomar la decisión de protegernos en contra de tanta transgresión y hoy podemos decir que a pesar del poco tiempo transcurrido de su mandato, ya la delincuencia ha bajado un gran porcentaje, gracias a Dios y hay más puestos de trabajo.

Sinceramente, antes me daba vergüenza ver las noticias de mi país y al contrario, me impresionaba conocer otras realidades como cuando hubo un terremoto en Taiwan y la televisión estuvo siguiendo la noticia por un mes aproximadamente y antes de ese período los taiwaneses habían limpiado todo el lugar y estaban edificando sus nuevas casitas con los restos de construcción que encontraron esparcidos. No se sentaron a esperar ayuda, trabajaron inmediatamente en forma incansable para olvidar que allí hubo un desastre, un ejemplo de dignidad humana. Creo que esa es la actitud que los hace tan especiales y según he leído son muy solidarios y tienen excelentes modales. Esto último es justamente lo que falta en mi país, somos muy solidarios, pero no hay, en ocasiones, respeto por el prójimo. Al parecer ya los padres no enseñan a sus hijos a respetar a los demás, entonces tal vez tendrá que enseñarse en las escuelas, para que recuperemos la imagen de pueblo educado que teníamos hace 50 años atrás.

Debido a la inseguridad reinante en 2005 y porque deseábamos que mi madre viviera con nosotros; decidimos trasladarnos al sur de mi país. La mayor parte de mi familia está allí y al mismo tiempo el paisaje sureño es muy acogedor. Buscamos una casita en un lugar rural y encontramos una hermosa casa de madera nativa que tenía además una cabañita también en madera. Estaban bastante mal tenidas y abandonadas por largo tiempo, pero se veía el potencial en ellas.

Empezamos a empacar para cambiarnos a fines de Octubre. La casa en el sur necesitaba mucha atención, había que contratar un especialista para pulirla completamente y proteger la madera con varias manos de barniz y algunos productos especiales. Por supuesto cuando se supo que mi marido era extranjero el precio subió casi al doble, esas son las cosas a que me refiero cuando digo que no es normal que sucedan. Había que construir un techo para el auto que sirviera de protección también al llegar a casa y poder entrar sin mojarse en la estación de lluvias, que dura alrededor de cuatro meses.

Como mi marido aun no hablaba español, yo era la encargada de comunicarme con los maestros que trabajaban en las reparaciones y construcciones, además estaba a cargo de la casa, eso significaba que debía dejar el almuerzo preparado, cuando tenía que ir al pueblo a comprar los materiales necesarios para las labores que se estaban realizando. Por otro lado debía aprender a trabajar en el campo, poner flores, sembrar hierbas y vegetales; además de hacer las compras semanales y todas las labores propias de una casa.

Kurt se entretenía feliz cortando leña para el invierno y ordenándola al estilo suizo en la leñera, además de limpiar todo el terreno de desperdicios y construir el invernadero. Los maestros le conversaban y él hacía un esfuerzo por entender y ser amable, pero al final siempre terminaba llamando—darling—y yo tenía que dejar cualquier cosa que estuviera haciendo para socorrerlo con su español. No fue fácil, pero valió la pena.

Cuando podíamos íbamos juntos al pueblo, para que Kurt conociera bien el lugar. Su sentido de orientación era extraordinario, muy pronto empezó a recorrer todo el poblado sin mi compañía. Trabajábamos duro para mejorar nuestra casa lo más posible. El jardín requería de muchas horas de dedicación y esfuerzo. Fuimos desempacando de a poco y decorando nuestro hogar. Cuando ya todo estuvo listo y yo me sentía feliz de poder descansar un poco, en ese preciso instante, Kurt decidió que quería traer todas sus pertenencias a mi país. No puedo decir el impacto que eso me produjo, en fin, había que hacerlo y había aprendido la lección que cuando hay que hacer algo, más vale empezar ya.

Me contacté con varias agencias de aduanas, Kurt tenía obviamente todos sus muebles debidamente embalados en el país donde residía y había alquilado una bodega, cuya renta pagaba mensualmente, a la espera del día en que pudiera enviarlas por barco a mi país. Pensé que no sería tan complicado debido a eso, sin embargo me equivoqué. Los trámites para internar objetos acá eran interminables. Primero me pidieron una lista con el detalle de cada una de las cosas que venían en las cajas y cuando digo detalle me refiero a descripción pormenorizada del objeto, año de compra, condición actual y el valor de acuerdo a la información proporcionada. Gracias a Dios, Kurt tenía esa lista, yo no lo podía creer, pero estaba en inglés, en fin, a esa altura eso era lo de menos.

Es duro explicar la cantidad de trámites que tuve que hacer, todas las cartas que tuve que escribir, los formularios que tuve que llenar. Al final de varias semanas logramos que todo el cargamento fuera transportado a través del océano hasta el puerto donde iríamos a buscarlo. Pensé que ese era otro dolor de cabeza que me esperaba. En realidad fue complicado porque en el lugar de origen no fumigaron la carga como se había solicitado y eso provocó problemas a la llegada. Hubo que fumigar acá y esperar para retirar la carga, por supuesto todo eso significa más dinero.

No habíamos tenido suerte con la compañía que nos había trasladado desde el norte, fue demasiado cara y poco cuidadosa, no quedamos conformes con el servicio. Por ese motivo estábamos un tanto preocupados por este nuevo cargamento. Busqué varias alternativas en la zona portuaria y de pronto tuve la idea de preguntar en la misma zona donde residíamos, ya que sería más fácil para la entrega si la empresa conocía la región.

Fuimos muy afortunados, exactamente en el pueblo más cercano había una empresa de transportes con mucha experiencia en carga nacional, internacional y portuaria. Su nombre: Tromen. Ellos resolvieron todo para nosotros, ni siquiera tuvimos que ir al puerto, ni hacer ningún trámite, ellos se encargaron absolutamente de todo, contactaron al agente de aduanas que había hecho la importación de los enseres de Kurt y retiraron la mercadería. Yo había hecho el contacto con la empresa Tromen por teléfono y a pesar que no había depositado ningún dinero, ya me avisaban que toda la carga estaría en la mañana temprano en nuestra casa y que allí podríamos pagar el servicio, que era exactamente lo acordado. Nos costaba creer que esta empresa, nos estaba cobrando un 30 por ciento menos que la empresa anterior, que sólo hizo un simple traslado y la misma cantidad de kilómetros.

Esa mañana de la llegada del camión fue una fiesta, habíamos esperando tanto tiempo por todo lo que allí venía. El camión era enorme, costó para entrar a la propiedad. El conductor se bajó, nos saludó y era tan simpático, como todas las personas de la empresa con las que yo había tenido contacto telefónico. Se descargó toda la mercadería, pagamos el servicio, recibimos nuestra factura y los papeles de la aduana, el camión se fue.

Kurt miraba sus cosas con tanta alegría que nos abrazamos por unos momentos y luego a desempacar. La mayoría de las cosas delicadas venían bien. Muy pocas objetos quebrados, considerando el largo viaje. No fue difícil organizar cada cosa, las cajas tenían detallado todo su contenido. Kurt me comentó que Elke, mi cuñada, había realizado esa labor y por lo que pude apreciar, lo hizo con perfección suiza. Ella se ofreció a ayudar a Kurt cuando supo que él había decidido establecerse en Sud América, muy propio de ella pensé. Ahora que la conocía sabía lo dulce, amable y servicial que era.

La mayor parte de las pertenencias de mi marido las instalamos en la casa y mis muebles los llevamos a la cabañita. Me interesaba mucho que Kurt se sintiera verdaderamente en casa, por ese motivo decoramos el hogar con todos los muebles y objetos recién llegados. Además, todas las cosas que desempacábamos estaban tan bellas que era un encanto buscarles su sitio en cada habitación. La cristalería, las pinturas y las antigüedades que mi marido poseía me dejaron extasiada, vivir en Europa puede ser muy interesante. Disfrutamos juntos el proceso de decoración de nuestro hogar y nos sentíamos cada vez más y más unidos.

Mi familia sureña, tíos, primos y sobrinos nos visitaban regularmente, en especial para ver a mi madre, hoy la matriarca de la familia. Uno de mis sobrinos nos regaló madera, mis primas me regalaron plantas y semillas, en general nos ayudaron en varios aspectos. Al principio cada problema que teníamos lo resolvíamos llamando a un contratista que nos proveía del especialista en la materia, ya sea referente a electricidad, agua, fosa o cierre de la propiedad. Al ver como nuestros dineros se iban tan rápidamente, empezamos a poner mucha atención cada vez que contratábamos a alguien y así nos hicimos conocedores de la mayoría de las soluciones para cada eventualidad.

Pasaron los meses y llegó la Navidad, sería la primera que pasaríamos juntos Kurt y yo. Mi madre me ayudó con la decoración. La víspera de Navidad, ella acostumbra cantar los villancicos que sus padres le enseñaron en alemán, cuando era pequeña, y también la tradicional Noche de Paz, en el mismo idioma. Era un día de mucho calor, la puerta de entrada estaba abierta y Kurt se sentó justo afuera a descansar un poco. Yo estaba en la cocina haciendo la habitual casita de galletas de miel y escuchaba a mi madre cantar con dulzura. En un momento fui a llevarle unas galletas a Kurt y me miró con lágrimas en sus ojos, diciendo que esas eran las canciones que siempre cantaba su abuela, en ese mismo día del año. Mi madre fue formada en un hogar donde los hábitos y tradiciones germanas siempre estuvieron presentes y ella las ha mantenido invariablemente, por esa razón, situaciones como aquella suceden a menudo, así es que para él es como tener a su abuela en casa.

La vida en el campo, cuando no se vive de la agricultura, es una bendición; de lo contrario, a pesar de lo hermoso que es labrar la tierra y recibir sus frutos, es una constante inquietud. He aprendido a cultivar mis propias verduras y sufro cada vez que el clima es adverso o los insectos irrespetuosos invaden mis siembras. Siempre hay algo que hacer en la huerta, me entretiene mucho, al igual que nuestros cuatro hermosos perros. Tenemos dos terrier y dos pastores alemanes, son nuestra compañía y alegría al mismo tiempo.

Mis hijos nos visitan cuando consiguen unos días libres. Nuestro mayor pasatiempo cuando está soleado es el jardín. En el tiempo de lluvias, la televisión y el computador son la mejor distracción. La televisión nos ha permitido disfrutar de programas deportivos que muestran los éxitos del extraordinario tenista suizo, Roger Federer. Igualmente del programa favorito de mi familia, Tolerancia Cero y también de documentales que se transmiten los domingos. Últimamente vemos una serie donde se aprecian los maravillosos viñedos que se extienden a lo largo de mi país y que dan origen a algunos de los mejores vinos del mundo.

Hablando de vinos debo mencionar que Kurt ama el vino de mi país y a pesar que no ha tenido la posibilidad de probar los más premiados, por nombrar algunos, un Almaviva, Don Melchor, Clos Apalta, Viu Manent, Casa Real o Don Maximiliano; nunca falta en nuestra mesa un cabernet sauvignon de mi amada tierra.

Kurt ha aprendido a amar este país y tal vez ha hecho más por él que muchos de nosotros. Recuerdo que hace unos años hubo una rebelión de estudiantes y lo impactó tanto el deseo de los jóvenes por una mejor educación, que contactó inmediatamente a uno de sus profesores en Suiza, una eminencia en educación y le solicitó cooperar con el Gobierno de mi país enviando los programas suizos que son tan exitosos. El profesor le envió todo el material que consideró podía favorecer un mejor aprendizaje para los alumnos. Kurt lo hizo llegar donde correspondía y solicitó que a cambio tuvieran a bien enviar una carta de agradecimiento a su profesor, lo que le fue dado. El catedrático suizo recibió la carta, que fue despachada en un hermoso sobre con los timbres del Estado y fue el póstumo reconocimiento a su gran aporte a la educación, a los pocos meses falleció.

Capítulo XII
Amigos para Siempre

Los supermercados aquí, están abiertos todos los días, es por ello que no tenemos un día especial para hacer las compras. Un día miércoles fuimos al pueblo para comprar algo de leche, pan y verduras. Normalmente recorremos los pasillos del lugar, comparamos precios, vemos la variedad de productos y ofertas y al final siempre compramos mucho más de lo que habíamos plancado. Ese día Kurt deseaba conocer más de los vinos de mi país y se dirigió al sector de licores, mientras tanto yo fui a buscar el pan. Cuando llegó mi turno de pesar mi bolsa, la dependienta me comentó que el señor que acababa de atender, era alemán y vivía con su esposa en un sector rural a la salida del pueblo. Yo escuché la palabra alemán, tomé mi pan y salí corriendo detrás ese caballero.

Lo abordé diciendo que mi marido era suizo del norte, que hablaba suizo alemán y no tenía amiguitos acá, exactamente, dije la palabra amiguitos, también le dije que Kurt no hablaba español y que no tenía con quien hablar su lengua nativa, entonces le pregunté si querría ser amigo de mi marido. A esa altura, el señor me miraba con sus ojos azules muy abiertos y sonriendo amablemente me preguntó donde estaba mi marido, lo llevé hasta Kurt y se lo presenté como un encantador amigo. Ellos empezaron a conversar y conversar sin parar, yo continué con mis compras y cuando estuve lista tuve que interrumpirlos para lograr que me pusieran atención, mostré el carro lleno de cosas y sonreí, nos despedimos, le di las gracias al señor por ser tan gentil y nos dirigimos a la caja para pagar nuestras compras. Fue muy divertida la forma en que contacté a ese señor, ni siquiera pensé lo que le diría, todavía hoy nos reímos mucho cuando recordamos esta historia.

Después de acomodar las bolsas del supermercado en el auto, Kurt me reclamó porque no le había comentado antes que tenía ese amigo tan simpático, viviendo tan cerca de nosotros, entonces lo saqué de su error diciendo que lo acababa de conocer en el supermercado y que lo había contactado para que él pudiera tener un amigo que hablara su idioma. En seguida Kurt comenzó a reír y reír y sus ojos brillaban por las lágrimas que le provocaba la risa, me miraba y más reía y no se me ocurrió nada mejor que decir que "I do love you very much".

El jueves nuestro nuevo amigo, Günther, llamó a Kurt por teléfono, hablaron largo rato y entonces mi marido me contó que estábamos invitados a su casa para el sábado, a pasar el día, ya que su esposa quería conocernos y agregó que ella no era alemana, éramos compatriotas. Esperábamos que la reunión sería muy interesante, dos parejas aproximadamente de la misma edad y formadas por dos damas locales y dos varones extranjeros, de países fronterizos y muy relacionados entre sí. Nos sentíamos encantados de recibir esa invitación y sorprendidos de la rapidez de los hechos. Comentamos acerca de los hábitos de cada país y yo le conté lo que se acostumbraba acá al recibir una invitación de ese tipo.

Temprano ese sábado fuimos a comprar un buen vino, chocolates y flores, y a la hora prevista nos dirigimos a casa de nuestros nuevos amigos. Las indicaciones para llegar al lugar habían sido muy claras, allí estábamos. El gran portón estaba abierto, Kurt condujo por un camino rodeado de altos árboles y pronto estuvimos frente a la casa. Cuando bajamos del auto ya estaban Günther y su esposa esperando por nosotros. Ella nos recibió con gran afabilidad y de manera muy expresiva. Nos saludamos afectuosamente y entramos a la casa. La sensación de hogar estaba en todas partes, era tan acogedor estar ahí.

Iris, nuestra anfitriona, una mujer muy hermosa, nos estaba invitando a la mesa. Después de lavar nuestras manos, nos sentamos en los puestos asignados y nos dispusimos a saborear todos los exquisitos manjares que ella había preparado en esta ocasión. Iris es profesora y cuando llega a casa trabaja en su jardín y su huerta de vegetales. Las ensaladas todas eran de su cosecha, una delicia de frescura y sabor. Disfrutamos cada plato, el riquísimo vino del país y el postre de fruta natural, también cosecha de la casa. Un delicioso café de grano y seguir conversando. Luego ayudé a Iris con el lavado de los platos y cuando todo estuvo ordenado fuimos al living a reunirnos con nuestros maridos, que a juzgar por el entusiasmo que demostraban, compartían una entretenida charla en alemán.

Günther y Kurt no pararon de conversar, era para ellos fantástico tener la oportunidad de hablar en alemán. Iris y yo conversamos de jardinería, también compartimos recetas de cocina y nos relatamos algo de la vida de cada una. El tiempo pasó muy rápido Iris preparó la mesa nuevamente para servir la once. En mi país llamamos así a la hora del té, hay una historia respecto a eso y está ligada a la minería de mi tierra.

Se dice que en las minas del norte, en las tardes, baja bastante la temperatura y los mineros desean tomar un poco de licor, entonces beben aguardiente. Para no dar una mala impresión, uno llamaba a los demás y les decía que era hora de once, puesto que la palabra aguardiente tiene once letras y así quedó en la cultura y costumbres de nuestro pueblo, el hábito de nombrar once al momento de servirse algo de beber, sea té, café u otras bebidas, cerca de las cinco, seis o siete de la tarde. Normalmente se acompaña con pan y cecinas y en el mejor de los casos también con queques o galletas. Hoy la once es momento de rogar por los mineros siempre. Esa tarde la once fue especialmente abundante y deliciosa.

Nos visitamos constantemente, nuestra amistad creció y creció y se consolidó cada día más. Siempre estamos comunicándonos y así disfrutamos con mucha alegría de esta linda relación. Por ese mismo motivo sufrimos cuando Günther enfermó y tuvo que ser operado, así como nos regocijamos el día que volvió a casa, pálido pero con el simpático humor de siempre. Durante estos años hemos vivido juntos la desilusión de Iris, al postular como directora a la escuela donde trabaja y saber que contando con más de diez mil horas de perfeccionamiento, no fue designada a pesar de haber ganado el concurso.

Iris se recibió de profesora muy jovencita y eligió ejercer en el campo, en una zona rural de muy escasos recursos. Llegó como Directora a una escuela pequeñita y pocos años después entregó a la comunidad una escuela con internado e instalaciones que era el orgullo de los habitantes del lugar. Donde sea que ha trabajado, ha dejado su huella de profesora con vocación en el alma. Cada año es designada para hacerse cargo del curso que deberá rendir la prueba para medir el rendimiento de los alumnos en los distintos colegios del país. En una ocasión ella logró que sus alumnos obtuvieran los más altos puntajes. Mi querida amiga Iris sufre al ver injusticias. Sufre al ver que los padres no tienen ningún interés en apoyar la educación de sus hijos; pero lo que más la hace sufrir es la negligencia de los profesores quienes demuestran abiertamente su desinterés en impartir educación. Hay mucho por hacer, me gustaría saber que en la juventud de mi país hay personas como nuestros queridos amigos Iris y Günther, tan honestos y generosos, con grandes valores, trabajadores incansables, extraordinarias personas, bellísimas almas.

Lo mejor de mi país es que somos un pueblo alegre, cariñoso y extremadamente solidario, nuestra geografía es privilegiada, tenemos excelentes canchas de esquí como también maravillosas playas; tenemos vinos que están entre los mejores del mundo; nuestra universidades son excelentes por esos nuestros profesionales son de gran calidad; el sistema social es muy bueno, la economía es bastante estable y en vías de progreso, la exportaciones del país están referida a casi todo tipo de productos, minerales, frutas, vinos, pesca, celulosa, etc.

Lo peor es la falta de conciencia ecológica y el sistema judicial arcaico, todavía hay bastante delincuencia, sobretodo juvenil; la televisión mañanera es totalmente superficial, da pena porque entre los presentadores hay personas muy inteligentes; los servicios públicos tienen muchos empleados ineficientes, al parecer su evaluación es sólo política, es sabido que el régimen anterior antes de entregar el poder dejó inamovibles a más de 400 personas en cargos públicos, eso es bochornoso, ya que si un funcionario es bueno y merece el cargo entonces no necesita ser apernado al asiento.

Capítulo XIII

Lo mágico del respeto

Probablemente este capítulo no será del agrado de muchas personas, sin embargo si lo leen hasta el final, de seguro cambiará sus vidas para siempre. La mayoría de nosotros pensamos que lo hacemos muy bien cuando nos relacionamos con nuestros semejantes, somos educados, amables y serviciales, ¿lo somos?

Esas cualidades son excelentes sin duda, pero ¿somos además tolerantes, compasivos, generosos y sobretodo respetuosos? Bueno, si sólo somos respetuosos posiblemente ya somos todo lo demás. Los conflictos de parejas, o hablando a gran escala, los conflictos internacionales, tienen la misma falencia, la falta de respeto. Si nos tomamos la molestia de analizar cada problema que hemos vivido en la vida, nos daremos cuenta que siempre hubo de parte de uno de los lados, exacto, poco respeto.

Si les digo que su vida sería más feliz y no sólo eso, sino que pueden hacer felices a los demás también, solamente practicando lo mágico del respeto, quizás no me creerán. No obstante es una lección maravillosa que aprendí hace muy poco, y no se trata que no haya sido respetuosa antes, por supuesto que lo era y mucho, tal vez demasiado. ¿Cómo se explica esta contradicción?, es muy simple, nosotros los latinos somos un pueblo que ha sido maltratado muchas veces, esto nos ha llevado a confundir respeto con humillación.

Nuestros antepasados decían—"la letra con sangre entra"—y fue así como fuimos educados en un ambiente de riguroso "respeto". Hace no más de treinta años atrás, los castigos en los colegios, eran tan severos, que muchos niños quedaban con secuelas por los maltratos a que eran sometidos y sus padres lo aceptaban, seguramente pensando que el profesor había estudiado mucho y sabía lo que hacía. Parece insólito y sin embargo así fue, pueden preguntar a sus padres o abuelos.

Cuando mi hija cumplió cinco años, la matriculé en un prestigioso colegio de monjas. No alcanzó a estar un mes, porque como ya le habían enseñado en el jardín de infantes varias cosas y yo en casa otras tantas, se aburría mucho en clases y se distraía, entonces su profesora, una monja mayor, no encontraba nada mejor que darle golpes en la cabeza. Obviamente cuando me enteré del asunto fui a conversar con la Madre Superiora y me dio una solución que no la van a creer. Ella dijo que si mi hija no se distraía, entonces no le pegarían.

Ese mismo día matriculé a mi hija en un colegio distinto y nada de monjas. Es una pena porque tal vez hay colegios de monjas que son un encanto, no fue nuestra suerte. Y tampoco fue nuestra suerte el colegio donde realizó su educación primaria y secundaria, ya que obteniendo cada año el primer lugar, cuando fue su último año todos esperábamos que habría un reconocimiento especial, no siempre un estudiante es tan brillante de lograr año tras año el primer lugar, sin embargo para nuestra desilusión nada sucedió, sólo recibió su certificado junto al galvano de mejor lugar de ese año. Lo extraordinario fue que el Centro de Padres y Apoderados sí valoraron el esfuerzo realizado y le regalaron una pulserita de oro. Sin embargo no se trataba del objeto, es el reconocimiento y motivación a un trabajo bien hecho. Unas palabras habrían sido suficientes.

Los tiempos antiguos, de castigos exagerados realizados por profesores a alumnos, al parecer, han terminado. Hoy es al revés, los profesores tiene temor de los alumnos, porque estos últimos no conocen límites en sus comportamientos ofensivos. ¿Qué provocó este cambio? Muy sencillo, pasamos al otro extremo y sabemos que los extremos son malos. Las personas se rebelan y actúan torpemente. Esto ha sucedido en la historia unas mil veces y volverá a suceder mil veces más, puesto que el hombre es el único animal que no aprende de sus errores, es por ello que la historia es cíclica. Siempre estamos dando vueltas sobre lo mismo sin aprender mucho.

Afortunadamente en todo grupo hay personas equilibradas que usan su cerebro y buscan los caminos más sensatos para enfrentar los diarios desafíos, lo que nos brinda la oportunidad de mejorar nuestra calidad de vida.

Según el diccionario respetar y respeto no significan lo mismo, suena torpe decir esto, pero el diccionario indica que respetar es admirar, venerar, amar, reverenciar; sin embargo respeto es obediencia, sumisión, rendición, acatamiento. En fin, no es mi intención polemizar, sólo quiero transmitirles algo que aprendí hace unos años, acerca del respeto y mejoró sustancialmente mi relación con los demás, lo aprendí de una persona muy inteligente, hermosa y sabia, mi hija María Fernanda. Las siguientes son las tres preguntas que ella me ha hecho en ocasiones que le he comentado algún conflicto que he tenido.

1.—¿Eres tolerante con las limitaciones de los demás?

No todas las personas tiene la misma inteligencia, ni las mismas habilidades, por lo tanto si nos creemos inteligentes debemos considerar estos factores a la hora de medir. Un ejemplo claro es lo que vivimos en el colegio, en las clases de música o gimnasia. Las notas más altas son para los estudiantes que tienen bellas voces y para los más atléticos. Absolutamente injusto para los demás niños que no tienen esa suerte, según aquellos parámetros estos niños están totalmente condenados a una nota deficiente. La música y la gimnasia no sólo se miden respecto al talento o dones que se puedan tener al respecto, también hay una historia detrás de cada materia y estadísticas y un sinfín de otras medidas. ¿Se atreverían a señalar esto a un profesor de gimnasia, por ejemplo?

2.—¿Eres considerada con las personas sin dejarte llevar por prejuicios, ves las dos caras de la medalla?

Los prejuicios nos llevan a ver sólo lo que queremos y no nos permiten conocer otros enfoques, es cierto que hay que hacer una gran diferencia entre las personas que han luchado duro y no han podido salir adelante, de quienes están acostumbrados al mínimo esfuerzo y esperar que se les regale todo, eso es ser flojo, ni más ni menos.

3.—¿Eres capaz de ser honesta con los demás sin herir sus sentimientos ni menoscabar su dignidad?

Esto es fundamental en un ambiente de respeto. Se puede ser muy sincero utilizando el maravilloso lenguaje que tenemos, que nos ofrece las palabras perfectas para no hacer daño y sin embargo no faltar a la verdad. No siempre hay que callar para ser respetuoso, si algo no me gusta, puedo decir que prefiero otra cosa, no tengo para que entrar en descalificaciones y si vemos irregularidades que afectan nuestra vida o el sistema, entonces "con todo respeto" hay que darlo a conocer.

Cada vez que nos encontremos en una situación de conflicto, podremos hacernos estas tres simples preguntas y sabremos exactamente como enfrentar el problema e iniciar el diálogo hacia un valioso entendimiento.

Capítulo XIV

Profecías

El mundo está conmocionado por los eventos ocurridos estos últimos años, además existe un notorio interés de las personas en conocer el futuro, como nunca antes. La serie de actos terroristas llevados a cabo, en ocasiones al interior de sus propios países, ha desatado la furia y falta de confianza de los ciudadanos en sus gobernantes.

Hoy el mundo tiene acceso a los contenidos más silenciados y controversiales, temas muy sensibles para la humanidad, sean éstos verdaderos o falsos, llámense Plan Andino, Illuminatis, Reptilianos, Proyecto Haarp, Pandemia de lucro o La Bolsa de Valores del Vaticano, todo se encuentra a un click en estos días. Es difícil que alguien no haya leído acerca de las profecías Mayas y lo que ellas sustentan. Tampoco es desconocido lo que los científicos han advertido respecto al calentamiento global y la destrucción de los ecosistemas, entonces nosotros los simples mortales nos sentimos confundidos e impotentes, frustrados, culpables, inseguros y preocupados. Son demasiadas emociones por lo que generalmente las desechamos y seguimos adelante sin hacer nada positivo al respecto.

Mi intención en este punto es hacer recapacitar a quienes leen estas líneas, para entender que tal como reza el dicho en mi país: "Cuando el río suena, es porque piedras lleva", entonces hay que estar preparados para los cambios climáticos que vienen, producto de nuestra negligencia y abuso. Hay que estar preparados para las catástrofes que estos cambios provocarán y están provocando; hay que estar preparados para asumir el costo de los errores de quienes administran nuestro planeta, pero lo más importante, hay que estar preparados para asumir los propios errores.

Nada malo sucederá a quien actúe de buen corazón, si alguien querido se ha ido de este mundo, es simple y llanamente porque su misión aquí concluyó. Lloremos si no lo hizo bien, lloremos si no fue capaz de amar. Cuando los seres humanos seamos capaces de entender que todas nuestras acciones tienen consecuencias y que recibimos a cambio lo que merecemos, dejaremos de ver la paja en el ojo ajeno y estaremos listos para ver la viga en el nuestro. Muchos se preguntarán si han merecido todo el sufrimiento que han experimentado y yo creo que, si esas dolorosas experiencias no los han convertido en mejores personas, entonces no han aprendido nada.

No tengo la capacidad de explicar a cada uno el por qué de cada situación vivida, pero puedo decir que hay una razón para todo, lamentablemente está más allá de mi entendimiento; no obstante no tengo dudas acerca del buen funcionamiento del Universo y su sistema.

Si somos capaces de elevar nuestros pensamientos siendo positivos, intentando mantenernos alegres, sonreír más y reclamar menos; amar más y disgustarnos menos; comprender que no hay enemigos, sólo seres humanos, mejores o peores, pero seres humanos al fin y al cabo; entonces no tendremos temor de lo que viene. Cada quien cosechará lo que sembró. Si la adversidad toca nuestra puerta y consideramos que hasta ahora lo habíamos hecho bien, será porque hay algo que hemos descuidado, tal vez sin querer y se nos está dando la posibilidad de ser aun mejores.

Las profecías me encantan, porque nos ponen alerta y nos hacen recapacitar. Si no existieran, continuaríamos nuestra vida sin siquiera preguntarnos si todo está bien. Es bueno detenerse en ocasiones y aun cuando no conseguiremos cambiar el pasado, si podemos mejorar el futuro. Miremos hacia atrás para conocer cual será nuestro futuro, lo que hicimos en el pasado nos pasará la cuenta en los días venideros, estemos preparados y no cometamos los mismos errores.

La mejor solución para enfrentar con tranquilidad lo que viene, no es construir un bunker y encerrarse en él, es descubrir la forma de compensar las acciones no apropiadas que cometimos, consciente o inconscientemente y que pudieron haber dañado o herido a otros seres que, como nosotros, sólo desean ser felices. Si lo hacen, experimentarán una sensación mágica de armonía y paz sin igual y estarán mentalmente preparados para cualquier eventualidad, nunca es tarde para pedir perdón o para perdonar. La armonía, paz y felicidad tal vez está a una palabra cerca de nosotros, digamos esa palabra.

Epílogo

El amor es algo maravilloso, no cabe duda. Lo complejo es encontrarlo. Soy una convencida que si nos levantamos cada día con una sonrisa en los labios y somos amables con todas las personas que se cruzan en nuestro camino, tendremos muchas más posibilidades de encontrar el amor. La razón es sencilla, cuando somos amables con quienes nos rodean, ellos normalmente serán amables con nosotros y cuando llegue el momento de tener que elegir a alguien extraño en sus vidas para contactarse, seremos los elegidos. Independiente que sea para vendernos un número de rifa o invitarnos a una fiesta. La amabilidad genera deferencia, así como la desconsideración genera desaire. ¿En qué lado quieres estar? Hay que elegir lo que se quiere recibir y sabremos entonces que debemos dar. Para encontrar el amor de nuestra vida, debemos estar en sintonía con el universo, con el mundo en que vivimos. No se puede odiar a todos y querer descubrir la pareja ideal.

La vida me ha enseñado que no siempre todo es lo que parece y que a veces debemos seguir nuestros instintos. También he aprendido que nada es completamente blanco o totalmente negro y si tenemos la habilidad de encontrar el equilibrio en cada cosa, cada situación y cada momento de nuestra existencia, seremos más brillantes y más felices.

Considero muy interesante y sabio el consejo que recibió Kurt de su padre. Él le dijo que siempre antes de actuar, debía pensar en las consecuencias que sus actos podrían generar y que si aun así se sentía en paz consigo mismo, entonces podría proceder, de ese modo, al día siguiente cuando se mirara al espejo podría sonreír satisfecho. Kurt y yo hemos actuado muchas veces sin pensar y las consecuencias han sido tristes, pero cada día que pasa practicamos más esa inteligente recomendación y es cierto que sonreímos más.

Mi maravillosa historia de amor, el viaje por las bellas ciudades de Suiza, su campiña y sus bosques llenos de magia, me han mostrado que el Jardín del Edén existe y que nunca es tarde para ser feliz. Soy latina, es lo que soy, una emocional mujer latina y no tengo pretensiones de parecer lo contrario, sin embargo hoy soy mejor persona, gracias a Kurt, mi amor en Internet.